***ACCESO GRATIS** a la Lectura en la Nube*

Para visualizar el libro electrónico en la nube de lectura envíe junto a su nombre y apellidos una fotografía del código de barras situado en la contraportada del libro y otra del ticket de compra a la dirección:

ebooktirant@tirant.com

En un máximo de 72 horas laborales le enviaremos el código de acceso con sus instrucciones.

FAMILIA, ATENCIÓN PSICOSOCIAL Y SALUD MENTAL

Procedimiento de selección de originales, ver página web:
www.tirant.net/index.php/editorial/procedimiento-de-seleccion-de-originales

FAMILIA, ATENCIÓN PSICOSOCIAL Y SALUD MENTAL

Inés Castro Herrero

tirant lo blanch
Ciudad de México, 2025

En caso de erratas y actualizaciones, la Editorial Tirant lo Blanch México publicará la pertinente corrección en la página web www.tirant.com/mex/

Este libro será publicado y distribuido internacionalmente en todos los países donde la Editorial Tirant lo Blanch esté presente.

© EDITA: TIRANT LO BLANCH
DISTRIBUYE: TIRANT LO BLANCH MÉXICO
Av. Tamaulipas 150, Oficina 502
Hipódromo, Cuauhtémoc, 06100 Ciudad de México
Telf: +52 1 55 65502317
infomex@tirant.com
www.tirant.com/mex/
www.tirant.es
ISBN: 978-84-1056-812-9
MAQUETA: Tink Factoría de Color

Si tiene alguna queja o sugerencia, envíenos un mail a: atencioncliente@tirant.com. En caso de no ser atendida su sugerencia, por favor, lea en *www.tirant.net/index.php/empresa/politicas-de-empresa* nuestro procedimiento de quejas.

Responsabilidad Social Corporativa: http://www.tirant.net/Docs/RSCTirant.pdf

Índice

Agradecimientos

La motivación para escribir estas páginas nace de las conversaciones que durante años he mantenido con familiares y amigos acerca de la importancia del apoyo social y la necesidad de sujetarnos cuando el dolor o la enfermedad nos golpea.

Quiero agradecer de corazón el apoyo de los miembros del Programa de apoyo a familias de la Asociación Salud Mental Salamanca. Estas personas, sus relatos y vivencias me han permitido, además del desarrollo de la investigación, comprender la condición humana desde el afecto y el apoyo mutuo. De igual modo, quiero agradecer la colaboración de las profesionales de la Asociación por brindarme el espacio y la atención necesaria para el ejercicio de este trabajo, siempre con buena disposición.

Quiero dar las gracias al del Grupo de Ayuda Mutua de la Asociación por incluirme y aceptarme, y por ser siempre fuente de comprensión de un fenómeno tan complejo como es el sufrimiento; pero también por ser lugar de motivación, escucha y cuidado.

Agradecer también a mis padres por todo el soporte otorgado en los buenos y malos momentos, y por ser el impulso para continuar este camino.

Dar las gracias a mi tutor, Arsenio, por toda la atención prestada desde el inicio del planteamiento de este proyecto hasta el final, siempre mostrándose disponible para ayudarme a concretar y mejorar mi trabajo.

Y, por último, gracias a todos mis compañeros y compañeras del Máster de Antropología Aplicada por trazar un camino de aprendizaje compartido. Y por seguir compartiendo tan buenos momentos.

Resumen/Abstract

Resumen

La implantación del modelo comunitario de atención a la salud mental en el Estado español, con la consecuente reducción de los ingresos hospitalarios, ha favorecido que las personas con Trastorno Mental Grave puedan ser atendidas en su comunidad evitando, en buena medida, su hospitalización permanente. Como consecuencia de este fenómeno, la familia se sitúa como una de las principales unidades de soporte y cuidado para estas personas, las cuales —debido a los síntomas de su enfermedad— son susceptibles de recibir cuidados personales y un acompañamiento en su proceso de rehabilitación social. Es así como estos familiares, en la necesidad de realizar una labor de cuidado continuado, se ven expuestos a una serie de restricciones en su vida personal, laboral y social, las cuales pueden derivar en el fenómeno conocido como la *carga del cuidador.* Los recursos de rehabilitación psicosocial y, en concreto, las asociaciones de salud mental, serán las encargadas de implementar actividades que acompañen el proceso de recuperación de estos familiares, en un trabajo constante de autocuidado y restablecimiento de sus redes sociales.

Abstract

The application of community mental health approaches in Spain brought about a decline in the number of hospital admissions and facilitated the treatment of individuals with severe mental illness within their communities, thus avoiding their permanent hospitalisation. This model identifies the family as one of the points of support for individuals who, due to the symptoms of their illnesses, respond favourably to personal care and family following in their process of social rehabilitation. Therefore, their relatives, taking on the task of carers over many years, undergo various limitations on their personal and social lives and in their careers, which can lead to the so-called *burden of the caregiver*. The resources for psycho-social rehabilitation and, specifically, the mental health associations, are in charge of activities that support and ease the recovery of these relatives in a process of constant self-care and of strengthening of their social bonds.

1. Introducción

La atención a la salud mental en el Estado español se rige por un modelo de base comunitaria gestionado por las distintas Comunidades Autónomas. Este modelo, implantado gracias a la aprobación de la Ley General de Sanidad de 1986, garantiza la continuidad de cuidados y la disponibilidad de servicios asistenciales próximos al paciente reduciendo —en la medida de lo posible— las hospitalizaciones. Esta asistencia continuada, basada en una concepción bio-psicosocial de la enfermedad mental, se aplica desde la asistencia clínica de la persona afectada hasta la rehabilitación psicosocial llevada a cabo por los servicios sociales y/o las asociaciones de salud mental.

La introducción de la rehabilitación psicosocial en el proceso de recuperación de personas con Trastorno Mental Grave supuso un gran avance con respecto al modelo asistencial basado en el hospital psiquiátrico. Los cuidados ejercidos por parte de los servicios asistenciales en la fase de rehabilitación son fundamentalmente dirigidos a las personas afectadas por la enfermedad pero también a sus cuidadores y familiares más cercanos. Como veremos a lo largo de este trabajo, las asociaciones de salud mental son, con frecuencia, las encargadas de prestar la atención necesaria a estas personas, cuya vivencia cercana de la enfermedad les coloca en una situación vulnerable que es necesario analizar.

La enfermedad mental grave posee, por sus características de fluctuación y cronicidad, una serie de repercusiones en la vida laboral, social y afectiva de los cuidadores de las personas afectadas. Estos, tras atravesar un periodo de confusión y desgaste, llegan a los recursos asistenciales buscando una atención para sus familiares que sufren la enfermedad pero también para ellos mismos. Es así como estos cuidadores se introducen en un proceso rehabilitador en el que su posición y sus objetivos vitales se ven considerablemente modificados. En este punto, las asociaciones de salud mental y sus programas de apoyo a familias cumplen el papel de "acompañantes" en un proceso de construcción de una nueva identidad que no solamente es individual sino que también es colectiva. Gracias a la formación de los grupos de familias, los cuidadores son capaces de restituir —o sustituir— las redes sociales naturales quebradas por la exigente labor de cuidado por otras redes "artificiales" caracterizadas por la mutualidad y la confianza.

Antes de comenzar a describir los aspectos formales de este trabajo, me gustaría realizar una serie de comentarios o aclaraciones. El primero de ellos se relaciona con la accesibilidad al campo donde fue realizado el trabajo etnográfico, y las facilidades y dificultades derivadas de él. Debo aclarar que, con anterioridad al inicio de esta investigación, conocía la Asociación Salud Mental Salamanca por el hecho de haber sido miembro de su Grupo de Ayuda Mutua. Este grupo, destinado a personas con problemas de salud mental, fue mi tabla de salvación en un momento de considerable desesperanza. Este contacto previo con la Asociación facilitó mi entrada como investigadora en el grupo de familiares, gracias a una buena comunicación previa con los profesionales. A pesar de que este hecho podría contemplarse como una supuesta "falta de objetividad" en el desarrollo del trabajo etnográfico, debo aclarar que mi papel como investigadora ha prevalecido en todo momento. Esta aclaración, que considero necesario puntualizar antes de comenzar el desarrollo de este trabajo, pretende explicar al lector mi punto de partida, recordando que todo análisis antropológico es situado, subjetivo y riguroso al mismo tiempo.

La segunda aclaración que me gustaría transmitir al lector es que, a pesar de que la mayoría de los participantes de este trabajo son mujeres, utilizaré los términos "familiar" o "cuidador" en masculino cuando estos sean empleados a nivel genérico. Esta decisión, que a primera vista resulta un tanto "injusta", surge tras probar en el texto el desdoble del masculino y el femenino —*el cuidador y la cuidadora*—, así como solamente el término en femenino, decantándome por el masculino para facilitar el desarrollo de la lectura.

El presente trabajo, fruto de la investigación teórica y etnográfica, será estructurado de la siguiente manera para facilitar la comprensión del lector así como una rigurosa exposición del contenido y los resultados de la investigación. Primeramente, se expondrán la hipótesis y los objetivos principales y secundarios que guiarán el desarrollo del marco teórico y el estado de la cuestión. En dicho marco teórico, serán aclarados los conceptos de salud y enfermedad desde una perspectiva antropológica, así como la definición del Trastorno Mental Grave y sus consecuencias en la vida de las personas afectadas. Con el fin de entender la estructura de los servicios asistenciales en salud mental, será presentado un breve recurrido de la Reforma psiquiátrica al modelo comunitario, especificando el caso de Salamanca y Castilla y León. A continuación, serán descritas las características de la Asociación Salud Mental Salamanca donde esta investigación se ubica, para así dar paso a la descripción del papel del familiar cuidador. En el estado de la cuestión, serán señaladas las principales contribuciones de la antropología y la sociología al campo de la salud mental, así como la importancia del apoyo social en la atención a la misma.

Las partes anteriormente descritas son el sustento teórico que cimienta esta investigación. A ellas le sigue el desarrollo de la metodología y las cautelas éticas empleadas, con el consecuente análisis del material etnográfico. En esta última parte, serán puestas en diálogo las diferentes narrativas de las personas entrevistadas, narrativas que a su vez dialogarán con los contenidos teóricos expuestos en la discusión. Por último, aunando teoría y práctica, serán desarrolladas una serie de conclusiones derivadas del trabajo bibliográfico y etnográfico desplegado en esta investigación, las cuales apuntarán la posible aplicabilidad de los hallazgos y las distintas direcciones que podrán tomar las investigaciones futuras de dicha materia en cuestión.

2. *Hipótesis, objetivos y preguntas de investigación*

La hipótesis que guía la presente investigación puede resumirse en las siguientes líneas: los recursos de atención psicosocial en salud mental y, en concreto, los servicios y actividades ofertadas por las asociaciones de salud mental dirigidas a familiares cuidadores de personas con enfermedad mental contribuyen a la creación de espacios seguros donde los familiares encuentran un apoyo social necesario para el afrontamiento de los procesos de salud-enfermedad de las personas afectadas y de los propios cuidadores. El apoyo social va más allá de la atención individual a los pacientes y se sitúa como una herramienta esencial para la gestión de las dificultades inherentes al cuidado y atención de personas con enfermedad mental. Este apoyo puede manifestarse tanto en la relación con los profesionales de la Asociación —psicólogos y trabajadores sociales— como en el apoyo entre "iguales" —familiares y cuidadores que se encuentran en una situación similar con respecto al cuidado de personas afectadas por dichos padecimientos mentales. La pregunta de investigación que guía el desarrollo de este trabajo es la siguiente: ¿de qué manera el apoyo psicosocial percibido por los participantes del Programa de apoyo a familias de la Asociación Salud Mental Salamanca contribuye a una mejor comprensión de la enfermedad mental y un restablecimiento de la calidad de vida de estos cuidadores?

De acuerdo con esta hipótesis, el objetivo general de esta investigación consiste en elaborar un estudio exploratorio acerca del impacto de las diferentes actividades del Programa de apoyo a familias de la Asociación Salud Mental Salamanca-AFEMC en los procesos de afrontamiento de un determinado trastorno mental por parte de los familiares de las personas afectadas, con el fin de evaluar la autopercepción que estos familiares poseen acerca de la influencia de estas actividades en la comprensión del padecimiento mental y los cuidados que se despliegan en este proceso.

Del objetivo general anteriormente expuesto se derivan los siguientes objetivos específicos:

- Realizar una revisión bibliográfica con el fin de establecer y definir los conceptos que vamos a utilizar para el abordaje de esta investigación.
- Analizar la situación actual del modelo de atención a la salud mental en el Estado español. Para ello, elaboraremos una descripción detallada de la Reforma Psiquiátrica y la transición al modelo de salud mental comunitaria a mediados de los años 80. Respecto al tema concreto que nos ocupa, definiremos el concepto de Trastorno Mental Grave y el papel del familiar en el cuidado de personas con enfermedad mental.
- Analizar las asociaciones de salud mental como los recursos "por excelencia" de la atención psicosocial en esta área y describir las características de la Asociación donde ha sido realizado el trabajo de campo.
- Describir y analizar de las narrativas de las personas que participan en el Programa de apoyo a familias de la Asociación Salud Mental Salamanca mediante el empleo de la entrevista individual semiestructurada con el fin de comprender sus experiencias vitales.
- Describir las potencialidades observadas en los recursos de atención psicosocial en salud mental y su capacidad de influencia en los procesos de afrontamiento del Trastorno Mental Grave por parte de los familiares, así como describir sus repercusiones en la esfera social y familiar con el fin de realizar un análisis holístico de este fenómeno.

3. Marco teórico

3.1. LOS CONCEPTOS DE *SALUD* Y *ENFERMEDAD* DESDE UNA PERSPECTIVA ANTROPOLÓGICA

Para el abordaje de esta investigación y, antes de adentrarnos en el campo específico de la salud mental, será necesaria la aclaración de lo que entendemos por los términos *salud* y *enfermedad* desde una perspectiva antropológica. Para empezar, entendemos la *salud* en su acepción general, de acuerdo con la definición de Carmen Velayos (2005), como una "experiencia de bienestar e integridad del cuerpo y de la mente caracterizada por una aceptable ausencia de condiciones patológicas y, consecuentemente, por la capacidad de la persona para perseguir sus metas vitales" (Velayos, 2005, p. 59). Esta definición ha sido considerada la más adecuada para el abordaje de la salud mental de una manera holista y *realista,* dado que la definición proporcionado por la Organización Mundial de la Salud, la cual define la salud como un *estado completo* de bienestar físico y mental (OMS, 2014) resulta idealista en exceso. Considerando que la salud de una persona se mide por una "aceptable ausencia de condiciones patológicas" y la capacidad para perseguir los propios objetivos vitales, consideramos la *enfermedad* como un padecimiento físico y mental asociado a la falta de dichas condiciones y capacidades. En referencia a la salud mental, entendemos el padecimiento psíquico de diversas formas: como estados de *hundimiento vital* depresivo (Aguirre, 2008), respuestas ansiosas *desproporcionadas* (Díaz y de la Iglesia, 2018), enfermedades consideradas "más graves" como la esquizofrenia o el trastorno bipolar, como episodios de tristeza y/o apatía que interfieren con las obligaciones de la vida cotidiana. En todos los casos, la categoría *mental* establece un nexo común entre una amplia gama de padecimientos.

Llegados a este punto, cabe preguntarnos lo siguiente: ¿la salud mental constituye una cuestión que se sitúa únicamente en la *mente?* ¿Desde cuándo podemos hablar de una salud mental separada de la *salud física?*

En nuestra sociedad actual, los tabúes tradicionales asociados a la expresión de los sentimientos, deseos y emociones negativas, los cuales serían, en algunos casos, manifestaciones de enfermedades mentales como la depresión y la ansiedad, han dejado en buena medida de constituir un "secreto" reducido a la esfera privada. Muchas de las personas afectadas manifiestan el deseo de colocar el problema en la esfera pública reconociendo que se trata de un asunto de interés colectivo. Hablar de *salud mental* en términos generales no deja de ser un asunto un tanto problemático, pues los padecimientos que hoy en día entendemos como *mentales* fueron definidos de ese modo en un espacio y un momento concretos. Si bien es cierto que patologías como la depresión, reconocida como un fenómeno universal existente en las diferentes culturas del mundo (Solomon, 2015) y asociada en la Antigüedad y Edad Media como un estado de apatía, melancolía e incluso pereza del cuerpo y del espíritu (Aguirre, 2008), fue definida como una condición *nerviosa* o *mental* a partir de la Ilustración. Para explicar esta cuestión sería interesante remontarnos a otros momentos de la historia —o a culturas y sociedades no tan próximas (Caparrós, 2010)— donde las enfermedades mentales son ubicadas en el terreno de la magia y la superstición en mayor medida que otras enfermedades, pero eso sería objeto de estudio de otra investigación. En el tema que nos ocupa cabe destacar que, a lo largo de la historia, ha sido cuestionada continuamente la condición misma de "enfermedad" asociada a los malestares psíquicos o mentales, "ya sea atribuyéndoles un origen diabólico, en los tiempos antiguos, o un origen netamente social en la mucho más reciente antipsiquiatría" (Polanco, 2007, p. 12).

3.2. EL TRASTORNO MENTAL GRAVE. *CRONICIDAD* Y *DISCAPACIDAD* EN SALUD MENTAL

El desarrollo del concepto de *padecimiento mental* se ha situado —desde numerosas corrientes de la psicología y la psiquiatría— en la mente o en el cerebro, pero lo cierto es que esta definición ha sido rebatida de manera teórica y práctica por el actual modelo comunitario de asistencia en salud mental. ¿Qué queremos decir con esto? Si bien continuamos hablando de "salud mental", lo cierto es este modelo comunitario aboga por una definición de enfermedad o trastorno mental que trasciende la esfera cerebral y se sitúa en interacción con su contexto social. Para comprender esta idea, precisamos de entender lo que en la actualidad los profesionales de la salud, así como los trabajadores de servicios sociales e investigadores en el área de salud mental, entienden como *enfermedad mental.*

Existe cierta reticencia —por parte de algunas corrientes de la psicología o la antropología— a emplear los términos *enfermedad* o *trastorno* cuando hablamos de la existencia de padecimientos o malestares de tipo mental. Lo primero que necesitamos aclarar en este punto es que este trabajo no empleará demasiado tiempo en un debate epistemológico acerca de lo que es un malestar o bienestar psicológico desde un punto de vista filosófico o abstracto, pues buscamos discutir sobre verdades concretas. En palabras de Ángel Martínez-Hernáez (2017), "el objetivo etnográfico no se encuentra en la necesidad de dictaminar la normalidad o normatividad y sus opuestos [...] sino de comprender cómo son constituidos todos ellos en el juego social" (Martínez-Hernáez, 2017, p. 269). Como veremos más adelante, existen suficientes criterios médicos, psicológicos, funcionales, sociales para catalogar ciertos malestares "psicológicos" como enfermedades mentales. Por ello, así como por el trabajo etnográfico que fundamenta esta investigación, dicha categorización no buscará ser cuestionada sino explicada y colocada en su contexto correspondiente.

De acuerdo con la Estrategia de Salud Mental del Sistema Nacional de Salud 2022-2026, se estima que cada año, un 38,2% de la población europea sufre un trastorno mental (Ministerio de Sanidad, 2022). Los trastornos más frecuentes son los trastornos de ansiedad —un 14%—, insomnio —7%—, depresión mayor —6,9%—, trastornos somatomorfos —6,3%— y dependencia al alcohol y otras drogas —menos de un 4%—. Los trastornos asociados al cerebro, así como los trastornos mentales, constituyen un 26,6% del total de las causas de discapacidad declaradas, lo que representa una mayor proporción con respecto a otras regiones del mundo —esto puede deberse, en parte, a un mayor diagnóstico de este tipo de patologías—. Las enfermedades mentales que causan mayor incapacidad son, según esta Estrategia, la depresión, las demencias y los trastornos por consumo de alcohol. En el Estado español, la prevalencia declarada de trastornos mentales en la población adulta es de un 10,7% (Juliá-Sanchis et al., 2020, p. 82).

De la tasa de prevalencia de trastornos mentales a nivel global, se estima que entre un 0,5 a un 6,8% son trastornos mentales graves, y su prevalencia varía en función de lugar de estudio y las diferentes investigaciones (Juliá-Sanchis et al., 2020; Kessler et al., 2009). ¿Qué diferencia a un trastorno mental de tipo "general" del Trastorno Mental Grave?

A lo largo de la historia, han existido diferentes denominaciones para el colectivo de personas con enfermedad mental grave: "enfermo mental crónico, enfermedad mental grave y persistente, enfermo mental severo, personas con discapacidades psiquiátricas de larga evolución, discapacidad psiquiátrica grave, paciente mental crónico, etc." (De Fuentes, 2016). Aunque en las primeras definiciones de trastorno mental el término "crónico" fue de uso generalizado, a partir de los años noventa la literatura científica, así como la asistencia sanitaria, comenzó a cuestionarse su uso por ser una etiqueta asociada al estigma, así como por las expectativas pesimistas de mejora que se asocian a dicho término (González, 2011). Aun así, el término *crónico* continúa empleándose tanto en los Planes de salud mental de distintos países y regiones como en los programas de asistencia sanitaria.

De acuerdo con Conejo et al. (2014), la literatura científica especializada en salud mental utiliza el término Trastorno Mental Grave (TMG) para referirse a padecimientos mentales de duración prolongada que conllevan la presencia de disfunción social como consecuencia de los síntomas de la enfermedad (Conejo et al., 2014). Este término se definió a finales de los años setenta con una variedad de acepciones, las cuales tienen en común tres dimensiones fundamentales: Diagnóstico, Discapacidad y Duración (DDD). El *National Institute of Mental Health* (NIMH) o Instituto Nacional de Salud Mental norteamericano presentó, en 1987, la definición de Trastorno Mental Grave que ha alcanzado mayor consenso entre la comunidad científica y que podemos definir en los siguientes términos:

1. Diagnóstico: referido a los trastornos psicóticos (excluyendo los orgánicos) y algunos trastornos de la personalidad;

2. duración: evolución de la enfermedad y el tratamiento considerando un tiempo superior a dos años;

3. presencia de disfunción y/o discapacidad referida a la afectación del funcionamiento familiar, social y laboral considerada moderada o severa (NIMH, 1987).

Para aclarar la definición del Trastorno Mental Grave proporcionada por el NIMH, y situándonos en un nivel más *operativo,* es conveniente revisar la definición de Trastorno Crónico Complejo en Salud Mental proporcionada por la Estrategia de Atención al Paciente Crónico en Castilla y León (Gerencia Regional de Salud de Castilla y León, 2013). Esta definición, al igual que la proporcionada por el NIMH, se basa en las dimensiones de diagnóstico, duración y déficit en el funcionamiento personal y/o psicosocial, pero añade algunos matices que es necesario destacar. Con respecto al diagnóstico médico, esta estrategia contempla cualquier trastorno catalogado como Enfermedad Mental Grave por la décima edición de la Clasificación Internacional de Enfermedades (CIE-10) elaborada por la Organización Mundial de la Salud[1] (OMS, 2004). En relación a la duración de la enfermedad, esta estrategia mantiene una evolución del trastorno de dos años o más, y añade el deterioro significativo y progresivo en el funcionamiento o autonomía individual en los seis meses anteriores a la evaluación de este tipo de trastorno. Por último, con respecto al déficit en el funcionamiento personal y/o psicosocial, la Atención al Paciente Crónico de Castilla y León establece la necesidad de la intervención de los profesionales de enfermería y servicios sociales para realizar un diagnóstico relacionado con el paciente y su familia,

---

1 Las Enfermedades Mentales Graves catalogadas por la CIE-10 son: Esquizofrenia, Trastorno esquizotípico, Trastorno delirante, Trastorno psicótico compartido, Trastorno esquizoafectivo, Trastorno psicótico no especificado, otros trastornos psicóticos de origen no orgánico y el Trastorno Esquizofrénico residual. Asimismo, son consideradas Enfermedades Mentales Graves el Trastorno bipolar con mala evolución, los trastornos depresivos mayores graves y recurrentes, los trastornos de la personalidad severos, el Trastorno Obsesivo Compulsivo, los trastornos de la conducta alimentaria y otros trastornos mentales que por su duración y gravedad sean susceptibles de ser incluidos en esta categoría, con exclusión de los trastornos mentales orgánicos, el *retraso mental* y el abuso y dependencia de sustancias psicotrópicas como diagnóstico único y exclusivo.

el cual justifique la necesidad de cuidados específicos e intervenciones en su contexto social.

De acuerdo con el estudio cualitativo realizado por Conejo et al. (2014) sobre las opiniones de los profesionales sanitarios acerca de la definición de Trastorno Mental Grave, la funcionalidad fue considerada el elemento más importante para definir este tipo de enfermedad. La afectación de la *funcionalidad* —o, mejor dicho, la alteración del funcionamiento considerado "normal" o esperable para una persona— se refiere a la "la pérdida de capacidades y habilidades para desenvolverse en el día a día en el aspecto más primordial" (Conejo et al., 2014, p. 230). Los profesionales de este estudio otorgaron gran importancia al grado de autonomía de los pacientes y a la interferencia de la enfermedad en su vida diaria como criterio imprescindible para diagnosticar un Trastorno Mental Grave. Asimismo, la revisión de la literatura realizada por Schinnar et al. (1990) acerca de la enfermedad mental severa y persistente añade dos categorías nuevas a las definiciones anteriores de TMG y que cobran especial relevancia para esta investigación: la seguridad del paciente hacia sí mismo y los demás, así como el apoyo social y familiar (Schinnar et al., 1990).

En esta línea, y en consonancia con la definición de Trastorno Mental Grave proporcionada por el NIMH, la presencia de discapacidad en salud mental es definida mediante la afectación de moderada a severa del funcionamiento personal, laboral, social y familiar[2], produciendo limitaciones funcionales en actividades de la vida cotidiana e incluyendo, al menos, dos de los siguientes criterios de forma continua e intermitente (NIMH, 1987): desempleo o empleo protegido o apoyado o historia laboral pobre; necesidad de apoyo económico para permanecer fuera del ingreso hospitalario; dificultades para establecer o mantener los sistemas de apoyo social personal; necesidad de ayuda en actividades de la vida diaria (higiene personal, preparación de comida o gestión económica) y/o una conducta social ina-

---

2 Esta afectación puede medirse con diferentes escalas, como la Escala de Evaluación de la Actividad Global (EEAG) y la escala de evaluación de la discapacidad de la Organización Mundial de la Salud (Ministerio de Sanidad, 2009).

propiada que determina la intervención del Sistema de Salud Mental o del Sistema Judicial.

La Convención de Naciones Unidas sobre los Derechos de las Personas con Discapacidad (2006) tipifica la *discapacidad mental* como un subtipo diferenciado dentro de la categoría jurídica de discapacidad. En el Estado español, el conjunto de los textos normativos españoles —incluyendo la Constitución Española— contiene la acepción de *discapacidad psíquica* distinguiéndola de la física o sensorial, pero sin establecer una distinción entre "mental" e "intelectual".

¿Todo diagnóstico de Enfermedad Mental Grave es sinónimo de discapacidad? La respuesta es no. Aunque el hecho de poseer ciertos síntomas correspondientes a este tipo de enfermedades —de acuerdo con la clasificación CIE-10— constituya un factor de riesgo importante para desarrollar una discapacidad, "la discapacidad mental no puede basarse únicamente en el diagnóstico clínico" (Els et al., 2012, pp. 344-345). En la línea del NIMH (1987), Andrés Blanco de la Calle propone, en relación a la definición de discapacidad en salud mental, la presencia de un déficit —en mayor o menor grado— de una de las siguientes áreas de funcionamiento psicosocial: autocuidados —hábitos de vida no saludables—, autonomía —dificultades en el manejo del dinero, mal desempeño laboral, etc.—, autocontrol —dificultad para manejar situaciones de estrés— relaciones interpersonales —déficit de habilidades sociales y carencia de red social— y problemas en el tiempo de ocio —aislamiento, falta de motivación, dificultades para disfrutar y/o conflicto para manejar el ocio— (Blanco, 2010).

De acuerdo con Conejo et al. (2014), "padecer un Trastorno Mental Grave supone un enorme deterioro personal, además de generar un alto nivel de sufrimiento entre las personas del entorno del paciente y una alteración importante de la dinámica familiar" Conejo et al, 2014, p. 224). Es aquí cuando, en presencia de una discapacidad o disfunción en el ámbito psicosocial es necesaria una intervención, por parte de un equipo multidisciplinar de salud mental que integre a profesionales de servicios sociales, un proceso que se conoce como rehabilitación psicosocial.

3.3. DE LA REFORMA PSIQUIÁTRICA AL MODELO COMUNITARIO DE ATENCIÓN A LA SALUD MENTAL EN EL ESTADO ESPAÑOL

Para comprender la génesis del actual modelo de atención a la salud mental del Estado español debemos remontarnos al marco legislativo que, en los años ochenta, propició las bases de un modelo comunitario para hacer frente a los padecimientos mentales. La Ley General de Sanidad de 1986 marcó un antes y un después en la organización de los sistemas de atención a la salud mental gracias a la elaboración, en 1985, del Plan para la Reforma de la Asistencia Psiquiátrica y de Salud Mental de 1985 (Salvador-Carulla et al., 2020). ¿De dónde nace la necesidad de una reforma psiquiátrica?

Con anterioridad a la implantación del modelo comunitario en salud mental en Europa y otros países —por ejemplo, Estados Unidos y Brasil— la asistencia a las personas con enfermedad mental grave se reducía a la presencia de hospitales psiquiátricos o *manicomios*. La lucha por un nuevo sistema de asistencia a la salud mental se desarrolla en los años 60 en Francia y Norteamérica y, una década después, en Italia, cobrando diversas formas. En Francia, la implantación de un modelo de base comunitaria pretendió disminuir el peso de la hospitalización psiquiátrica, así como establecer medidas de prevención y continuidad de cuidados en salud mental. En Norteamérica, los enfermos hospitalizados en instituciones psiquiátricas fueron transferidos a otras instituciones e carácter social, fenómeno que se conoce como *trans-institucionalización*. Las luchas antimanicomiales en Italia a finales de los años setenta tuvieron, en sus reivindicaciones, un carácter más transformador: se confirmó el fin del hospital psiquiátrico. En su lugar, se establecen unidades de psiquiatría en los hospitales generales (Crepet, 1988).

En el Estado español, los intentos de reforma psiquiátrica se remontan a la Segunda República, a pesar de que la introducción de criterios diagnósticos específicos para los problemas de salud mental se realizó en la década de los setenta (Ministerio de Sanidad, 2022). Aun así, no fue hasta 1986 que la Ley General de Sanidad promovió una asistencia a la salud mental basada en la comunidad. ¿Qué significa esto? De acuerdo con Salvador-Carulla et al. (2020), las características operacionales que guiaron el desarrollo de este nuevo modelo fueron las siguientes: la primera de ellas, una regionalización de la atención gestionada por cada una de las Comunidades Autónomas otorgándoles, desde el Gobierno central, las competencias suficientes para gestionar este modelo asistencial. La segunda característica se refiere a la "creación de un sistema comunitario, sectorizado y de base poblacional que apoye a la asistencia primaria mediante una red especializada e integral que permita desplazar el control del sistema local de atención desde los hospitales y centros de salud a centros comunitarios especializados que coordinen el flujo de pacientes a los dispositivos de atención social" (Salvador-Carulla et al., 2020, p. 4). La tercera característica se basa en la priorización de camas hospitalarias para casos agudos frente a la hospitalización de larga estancia. La cuarta característica, relacionada con la tercera, es la creación de dispositivos residenciales en la comunidad integrados por equipos multidisciplinares, con el fin de evitar los ingresos en los hospitales por tiempo prolongado y ofrecer servicios próximos a la comunidad de referencia del paciente.

Como hemos podido observar, la transformación de la asistencia psiquiátrica conlleva un nuevo modelo integrador de los servicios de salud mental: la asistencia ya no solo se reduce al hospital psiquiátrico sino que intenta diversificarse e integrarse a los dispositivos de atención a la salud general ya existentes. Este fenómeno se debe a una serie de cambios técnicos, conceptuales, políticos y legislativos en los que es necesario detenerse.

Con anterioridad a la reforma psiquiátrica, en diversos países europeos los ingresos hospitalarios por enfermedad mental se habían reducido de forma considerable. ¿A qué se debe esto? En algunos lugares, los intentos de *deshospitalización* habían comenzado a realizarse con anterioridad a la reforma, si bien la aparición de los neurolépticos —también llamados antipsicóticos— permitió una disminución del número de ingresos en hospitales psiquiátricos. La aparición de los neurolépticos en los años cincuenta y su generalizada utilización en los años setenta (Aparicio y Sánchez, 1990) son una pieza fundamental de la creación del modelo comunitario en salud mental y su análisis no debe ser subestimado por las ciencias sociales. La creación de los neurolépticos posibilita la consolidación de la disciplina de la psiquiatría, la última de las especialidades médicas en considerarse como tal. Es a partir de ese momento cuando la psiquiatría se integra, como especialidad de la medicina, a los servicios ofertados por los hospitales generales y las unidades de salud mental creadas a partir de las diversas reformas psiquiátricas.

La efectividad de los neurolépticos para tratar las enfermedades mentales de tipo psicótico —representadas en más de la mitad de los usuarios de los hospitales psiquiátricos— disminuye el número ingresos hospitalarios para las personas que las padecen. Aun así, esta afirmación no puede tomarse como cierta en el caso español, ya que la utilización de los antipsicóticos implicó una mayor utilización de los hospitales psiquiátricos al aumentar los ingresos, si bien la estancia media de los pacientes disminuyó. Es así como, a pesar de una mayor utilización de los hospitales, la implementación del tratamiento con antipsicóticos posibilitó el aumento del número de altas hospitalarias —una vez que se realiza el seguimiento del paciente y la estabilización de la medicación— y una aproximación de los mismos a su comunidad de origen, sin necesidad de una hospitalización prolongada.

La presencia de nuevos tratamientos para hacer frente a los trastornos mentales graves se relaciona con un cambio de conceptualización con respecto a la atención en salud mental en nuestro sistema general de salud: el modelo de salud mental comunitaria promulga que los cuidados al paciente con enfermedad mental deben estar integrados en su comunidad facilitando su acceso y su continuidad de cuidados, promoviendo la autonomía y la calidad de vida digna de los pacientes y sus familias. Por tanto, el primer contacto de estas personas con los servicios de atención a la salud mental se realizarán con su médico general, el profesional de Atención Primaria. Este médico, una vez observada la necesidad, puede derivar al paciente a su unidad de salud mental correspondiente, donde será atendido por una enfermera especializada en este tipo de enfermedades para determinar el tipo de síntomas asociados a su padecimiento así como la gravedad de los mismos. Esta enfermera determinará el grado de urgencia por el que la persona deberá ser atendida por su psiquiatra correspondiente para evaluar el tipo de tratamiento a seguir. En caso de necesidad, el psiquiatra podrá valorar la derivación a un profesional de psicología ubicado en su misma unidad de salud mental, así como una atención individualizada por parte de la enfermera para el suministro y seguimiento del tratamiento farmacológico.

Este sistema de atención, que comienza por el médico de Atención Primaria y se define en la unidad de salud mental correspondiente es —a pesar de sus largas listas de espera— un sistema eficaz para el control y el tratamiento de la enfermedad mental grave. No debemos olvidar que, en estos casos, el tratamiento farmacológico acompañado de asistencia psicológica son vitales para el restablecimiento de una calidad de vida digna al paciente con este tipo de padecimiento. A pesar de la eficacia de este sistema, de acuerdo con Juliá-Sanchis et al. (2020), "los enfoques biomédicos, tecnificados y asistencialistas tienden a la fragmentación de la asistencia —en salud mental y en otras áreas de la salud—, a la reducción de la complejidad de los padecimientos subjetivos y a las nosografías estancas" (Juliá-Sanchis et al., 2020, p. 82). La enfermedad mental grave supone, a menudo, una ruptura de las relaciones laborales de la persona afectada, así como un deterioro de sus redes familiares y/o sociales, por las propias características del padecimiento que esta persona sufre. Es aquí cuando, remitiéndonos a la Estrategia de Salud Mental del Sistema Nacional de Salud 2022-2026, debemos tener en cuenta lo siguiente:

> "Los determinantes de la salud mental y de los trastornos mentales incluyen no solo características individuales tales como factores neurobiológicos, la interacción entre la genética del individuo y el ambiente (epigenética), la capacidad para gestionar los pensamientos, emociones, comportamientos e interacciones con los demás, sino también factores sociales, culturales, económicos, políticos y ambientales, como las políticas nacionales, la protección social, el nivel de vida, las condiciones laborales o los apoyos sociales de la comunidad" (Ministerio de Sanidad, 2022, p. 23).

Una reforma psiquiátrica implica, además de una serie de soluciones técnicas y de organización de los servicios asistenciales, una clara posición política e ideológica ante el sufrimiento humano. Como nos recuerda el psiquiatra Manuel Desviat, la Reforma Psiquiátrica pone encima de la mesa "la necesidad ineludible de aceptar la existencia de ese otro saber, un *saber profano* en el doble sentido de que no es experto y de que profana o cuestiona las sacrosantas verdades científicas" (Huertas, 2020, p. 168); esto es, los modelos de comprensión de la enfermedad del paciente y su propia familia.

La Ley General de Sanidad de 1986 plantea, en materia de salud mental, la necesidad de estructuras intermedias entre la asistencia sanitaria y la comunidad, estructuras gestionadas por los servicios sociales para garantizar una asistencia integral. La actuación de estos servicios —con la figura del trabajador y/o educador social como profesional de referencia— buscar promover la reinserción de las personas con enfermedad mental grave en su comunidad a través de intervenciones de rehabilitación psicosocial (Salvador-Carulla et al., 2020).

Antes de pasar a analizar el concepto de *rehabilitación psicosocial,* es importante destacar que el modelo comunitario de asistencia a la salud mental que guía las intervenciones sociales y sanitarias se enmarca dentro del paradigma de la recuperación. ¿Qué quiere decir esto? Con anterioridad a la Reforma Psiquiátrica, la institución psiquiátrica —el hospital psiquiátrico— fue creada para la curación de la persona con enfermedad mental. No obstante, este tipo de institución no solo no consiguió la cura de las enfermedades mentales a las que se enfrentaba, sino que permaneció enganchada a situaciones de cronicidad. En palabras de Aparicio y Sánchez (1990), la cronicidad asociada al ingreso en un hospital psiquiátrico[3] "conlleva la necesidad de *contener* los efectos de lo incurable" (Aparicio y Sánchez, 1990, p. 364).

El paradigma de la salud mental comunitaria, asociado al fenómeno de la *deshospitalización,* introduce una ruptura epistemológica en la manera de entender los problemas de salud mental y lidiar con el Trastorno Mental Grave. Es así como, en el llamado proceso *desinstitucionalizador* —o, mejor dicho, proceso de *deshospitalización*— se diversifica la atención a la salud mental ofreciendo servicios acordes con las nuevas necesidades asistenciales bajo el paradigma de la recuperación. De acuerdo con Víctor Aparicio y Ana Sánchez Gutiérrez (1990) el fenómeno de la *deshospitalización* es un hecho "que se pre-

---

[3] En España, la estancia media de personas con enfermedad mental internas en los antiguos hospitales psiquiátricos —anteriores a 1985— fue de 22 años (Aparicio y Sánchez, 1990).

senta coincidente en la mayoría de los modelos asistenciales que imperan en los países desarrollados" (Aparicio y Sánchez, 1990, p. 365). Las razones que motivan esta *dehospitalización* son las siguientes: por un lado, las razones económico-administrativas —las instituciones psiquiátricas son costosas y poco eficientes—; por otro lado, las racionalistas —la institución psiquiátrica es necesaria, pero debe reducirse a situaciones muy concretas donde exista una enfermedad crónica que requiera ese tipo de atención—; y, por último, los intentos propiamente desinstitucionalizadores —niegan la institución psiquiátrica en todas sus dimensiones, tanto como lugar de "curación" como de "exclusión" del/enfermo/a mental de su comunidad— (Aparicio y Sánchez, 1990).

El modelo de recuperación en salud mental planteado por la actual Estrategia de Salud Mental del Sistema Nacional de Salud define la recuperación de la siguiente manera:

> "La recuperación es un proceso único e individual ligado al crecimiento personal y que a veces incluye un cambio de actitudes, valores, sentimientos, metas, habilidades y roles de una persona. Es un proceso que tiene que ver con el retorno al funcionalismo pleno del sujeto en todas las áreas de su vida (familiar, social, económica, laboral, académica, etc.) y que sin duda va más allá de la reducción de los síntomas". (Ministerio de Sanidad, 2022).

El paradigma de la recuperación conlleva, esencialmente, una implicación plena de la persona con Trastorno Mental Grave en su propio proceso de recuperación, implicación que debe ir acompañada de las personas que le acompañan en su vida cotidiana —es decir, su familia y entorno más cercano—, así como por un acompañamiento de los profesionales y de la sociedad en su conjunto. Es así como la rehabilitación psicosocial anteriormente mencionada consiste en la práctica interdisciplinar dirigida a la promoción y el mantenimiento de la autonomía de las personas que sufren algún tipo de enfermedad mental grave, aunando un conjunto de estrategias de intervención que acompañan las intervenciones sanitarias del manejo de los síntomas, las cuales se orientan a la mejora del funcionamiento personal, familiar y social, al apoyo a la integración comunitaria y a un intento de lograr una calidad de vida digna para estas personas (Ministerio de Sanidad, 2022; Gisbert et al., 2009).

3.3.1. Asistencia sanitaria y social dirigida a personas con Trastorno Mental Grave. El modelo de salud mental comunitaria y la competencia de las Comunidades Autónomas

En el Estado español, la atención a los procesos de salud-enfermedad por Trastorno Mental Grave se realiza a través de dispositivos de salud mental de cobertura pública en el conjunto de Comunidades Autónomas. A pesar de que, como hemos visto con anterioridad, la Ley General de Sanidad de 1986 otorga competencias de gestión de la asistencia sanitaria a las distintas Comunidades, este texto no posee rango normativo, sino que se establece como un texto de referencia que orienta la intervención clínica y psicosocial (Aparicio y Sánchez, 1990). Es por ello que las Comunidades Autónomas y administraciones provinciales han aplicado de manera muy diferente las distintas recomendaciones de esta ley en función de sus recursos económicos o planes asistenciales. Esta asistencia varía desde una cobertura completa en lo que se refiere a las intervenciones en crisis, las hospitalizaciones breves y los tratamientos farmacológicos o psicoterapéuticos hasta grados de cobertura desiguales en lo referente a programas de prevención o rehabilitación psicosocial (Observatorio del Sistema Nacional de Salud, 2002). En lo que respecta a las diferencias entre Comunidades Autónomas, Andalucía, Castilla y León y Cataluña presentan los porcentajes más altos de riesgo de problemas de salud mental entre su población con respecto al resto de CCAA—especialmente en población infantil, donde este porcentaje supera el 15%— (Ministerio de Sanidad, 2022).

En Castilla y León, el porcentaje de población en riesgo de mala salud mental en personas de quince años o más es del 17,86% (Ministerio de Sanidad, 2022). Las mujeres presentan mayor riesgo de padecer problemas de salud mental que los hombres. En esta Comunidad Autónoma, la atención sociosanitaria a las personas con Trastorno Mental Grave se divide de la siguiente manera: la atención psiquiátrica, cuya responsabilidad recae en el sistema público de salud de la Comunidad, garantiza la continuidad de cuidados psiquiátricos con independencia del lugar de residencia de la persona. Por otro lado, la atención social corre a cargo del sistema de servicios sociales, el cual se organiza para integrar los recursos de todas las administraciones con competencia en esta área (Observatorio del Sistema Nacional de Salud, 2002).

En la provincia de Salamanca, la Red de salud mental y asistencia psiquiátrica se divide en Equipos o Unidades de Salud Mental, Unidades Hospitalarias, unidades extrahospitalarias y/o de hospitalización parcial, unidades de referencia y concertadas con ubicación en otras provincias[4], recursos asistenciales para pacientes con enfermedad mental dependientes de sustancias, comunidades terapéuticas y otros recursos y programas del sistema sanitario —discapacidad intelectual y enfermedad mental o el Programa de violencia de género en salud mental— (Comisión de Coordinación Sociosanitaria de Salamanca, 2012). Los recursos sociales de atención a la salud mental disponibles en la provincia corren a cargo, fundamentalmente, de dos entidades: la Diputación de Salamanca, cuya gestión se centra en la coordinación de los Grupos de apoyo a familias cuidadoras de personas con enfermedad mental en las localidades de Béjar y Guijuelo; y la Asociación Salud Mental Salamanca, en la que esta investigación ubica.

3.3.2. Recursos de atención psicosocial: la Asociación Salud Mental Salamanca

La Asociación Salud Mental Salamanca forma parte de la Confederación Salud Mental España, la cual se define como una entidad sin ánimo de lucro que nace en 1983 para incorporar las medidas de carácter psicosocial que contribuyan a la mejora de la calidad de vida de las personas con Trastorno Mental Grave y las de sus familias, así como defender sus derechos y representar al movimiento asociativo creado en torno a la salud mental (Salud Mental Salamanca, 2023). Hasta el año 2015, esta Confederación recibió el nombre de Confederación Española de Agrupaciones de Familiares y Personas con Enfermedad Mental o FEAFES pero, en junio de dicho año, pasó

---

4 Estas unidades se destinan al tratamiento de enfermedades como el Trastorno de la Conducta Alimentaria, patología dual o rehabilitación psiquiátrica de larga estancia, y se ubican en las provincias de Burgos, León, Palencia, Valladolid o Zamora.

a denominarse *Confederación Salud Mental España* para ofrecer a la sociedad una visión más centrada en la *salud mental* y no tanto en el concepto de enfermedad. Esta entidad está formada por 18 federaciones autonómicas y más de 340 asociaciones uniprovinciales distribuidas por todo el territorio español, promoviendo un modelo de atención a la salud mental de base comunitaria de acuerdo con la legislación vigente.

La Asociación Salud Mental Salamanca es una Asociación sin ánimo de lucro que nació en 1992 con el nombre de AFEMC —Asociación de Familiares de Enfermos Mentales Crónicos de Salamanca— promovida principalmente por un grupo de familiares de personas con problemas de salud mental y profesionales voluntarios, con el objetivo de mejorar la calidad de vida de las personas afectadas por este tipo de padecimientos y la de sus familias. La misión de esta entidad es atender a la población afectada de Salamanca y provincia, con dos delegaciones en las localidades de Guijuelo y Ciudad Rodrigo. Esta asociación posee competencias para gestionar la mayoría de los servicios de rehabilitación psicosocial en salud mental en la provincia de Salamanca, para lo que cuenta con una serie de recursos dirigidos a personas con enfermedad mental y sus familias.

En materia de establecimientos sociales residenciales, esta entidad cuenta con varias viviendas supervisadas por los profesionales de la Asociación para usuarios de la misma. En relación a sus programas de rehabilitación psicosocial para usuarios, cuenta con el Programa de prevención de la autonomía personal, el Club de inserción social, el Centro de día ocupacional y un Grupo de Ayuda Mutua orientado por una de sus educadoras. En lo que respecta a los recursos de apoyo a familiares cuidadores, la entidad posee un punto de información y asesoramiento en la ciudad de Salamanca y en las localidades donde cuenta con delegaciones, así como un servicio de atención domiciliaria. Otro de los puntos clave de los recursos de apoyo a cuidadores es el Programa de apoyo a familias, en el cual está centrado este trabajo. La estructura y contenido de este Programa fue recogido en la fase de trabajo de campo de esta investigación y que será explicitado en el apartado 6 de este trabajo.

3.4. EL PAPEL DEL FAMILIAR EN EL CUIDADO DE LA SALUD MENTAL

> *Los pacientes y sus familias y, lo que es más, también los profesionales, luchan a diario por salir adelante. Lo afrontamos bien el martes, mal el miércoles por la mañana, mejor el miércoles por la tarde, mejor aún el jueves, peor de nuevo el viernes por la mañana, y así sucesivamente. Incluso no se sabe con certeza qué significa sobrellevar la situación con éxito en un sentido genérico, aparte de la experiencia particular de cada individuo en un contexto concreto.* (Kleinman, 1987, p. 153)

De acuerdo con la Organización Mundial de la Salud, la familia se sitúa como el primer agente intermediario entre el individuo y la sociedad, constituyendo la primera unidad de intervención preventiva y terapéutica (Castro et al., 2012). En época de crisis y dificultades de tipo social, económico o sanitario, la familia representa un apoyo muy importante en la amortiguación de los efectos provocados por el paro, la vivienda o las enfermedades de cualquier tipo. En palabras de Castro et al. (2012), "la familia es considerada hoy como el primer núcleo de solidaridad dentro de la sociedad, siendo mucho más que la unidad jurídica, social y económica. La familia es, ante todo, una comunidad de amor y solidaridad" (Castro et al, 2014, p. 12).

Como hemos visto en los apartados anteriores, padecer un Trastorno Mental Grave puede acarrear una disfunción importante en el desempeño de actividades de la vida cotidiana que se relacionan con aspectos físicos, psíquicos y sociales, reduciendo la calidad de vida de la persona afectada y la de su familia. Es entonces cuando este tipo de enfermedad se sitúa como un predictor de riesgo de dependencia, pues conlleva una pérdida de autonomía que requiere de un cuidado y asistencia constante por parte de otra persona —a menudo, un/a familiar— que sirve como acompañante en el proceso de recuperación de la persona enferma y que, en ocasiones, si sitúa como un apoyo constante para llevar a cabo las actividades de la vida cotidiana.

En el Estado español, la Reforma Psiquiátrica y su modelo comunitario de atención a la salud mental han contribuido al mantenimiento de la persona con Trastorno Mental Grave en su contexto familiar y social, lo que ha provocado que las familias se constituyan como el eje principal de soporte y cuidado (Navarro y Carbonell, 2018). Esta reforma psiquiátrica tiene, como unos de sus principios fundamentales, la capacitación y el empoderamiento de las personas con enfermedad mental y sus familiares. Sin embargo, el modelo de atención centrado en la comunidad ha provocado que las personas con este tipo de trastornos vivan en mayor proporción con sus familias —en comparación con la asistencia centrada en el hospital psiquiátrico—, provocando en ellas un mayor nivel de carga (Alvarado et al., 2011).

¿Cuál es, pues, el perfil del cuidador familiar de personas con enfermedad mental grave? De acuerdo con los estudios elaborados por Pérez et al. (2009), Navarro et al. (2018) y Cantillo-Medina et al. (2022), las cuidadoras de estas personas son, en su mayoría, mujeres —en un porcentaje superior al 70%— lo que se corresponde con la elevada feminización del cuidado formal e informal de las personas con algún tipo de dependencia o discapacidad (De León et al., 2016; Masana, 2017). El perfil predominante de estas cuidadoras son mujeres con una media de sesenta años de edad, casadas, habitualmente madres de la persona con enfermedad mental. En estos estudios, el nivel de sobrecarga de las cuidadoras se sitúa de moderado a intenso, pudiendo presentar un deterioro de salud mental que, en muchas ocasiones, conlleva la toma de psicofármacos. Con respecto al apoyo social, más de un 60% de estas cuidadoras afirman contar con ayuda de alguna persona o institución en el cuidado de su familiar, si bien es cierto que las que afirman tomar psicofármacos poseen menor apoyo social —así como un menor nivel educativo— que las que no presentan tratamiento farmacológico. Otro de los puntos importantes a valorar es la *función familiar* percibida por estas cuidadoras. Las familias que se perciben como disfuncionales —es decir, familias con una mala comunicación o cohesión entre sus miembros en las que las tareas de cuidado se reparten de forma desigual— presentan una salud mental más deteriorada que los grupos con una buena *función familiar*.

A pesar de que la valoración del funcionamiento familiar percibido por los cuidadores puede variar en el curso evolutivo de la familia (Pérez et al., 2009), los diversos estudios confirman la importancia del apoyo familiar y social en las personas que realizan dichas tareas de cuidado. Aun así, no debemos olvidar que el hecho de asumir el papel de cuidador provoca cambios estructurales y emocionales en la unidad familiar, los cuales pueden afectar negativamente a ella debido a la imprevisibilidad y complejidad de interacción con la persona afectada por la enfermedad (Cantillo-Medina et al., 2022). Además, en el inicio de dicho padecimiento, el cuidador o la cuidadora "realizan su trabajo en el aislamiento del entorno social, en la soledad de su hogar y en el anonimato, sin ser reconocido por los profesionales de la salud" (Cantillo-Medina et al., 2022, p. 186). De acuerdo con Alvarado et al. (2011), las intervenciones clínicas y psicosociales orientadas a satisfacer las necesidades de las personas con Trastorno Mental Grave no son suficientes para reducir de forma significativa la carga de los cuidadores. Es así como estos cuidadores se exponen, en su día a día, a una gran variedad de factores de estrés que dan lugar a alteraciones físicas, emocionales y sociales conocidas por el término *carga familiar o de los cuidadores.*

3.4.1. El concepto de carga del cuidador

De acuerdo con Grainne Fadden et al. (1987), el concepto de *carga del cuidador*, en su acepción general, es definido como el efecto que se produce en las personas que asumen el cuidado de otros, los cuales tienen ciertas limitaciones o deficiencias en su funcionamiento individual y social. Este concepto, aplicado a trastornos mentales graves, se manifiesta en una relación entre personas adultas a las que la mayoría de las veces les une un grado de parentesco. En esta relación, el cuidador asume una responsabilidad por el pariente al que cuida, la cual es sobrevenida —no pudo anticiparla— y no es remunerada. Además, la persona que recibe el cuidado tiene, con frecuencia, una discapacidad psíquica o mental y no puede mantener ciertas obligaciones recíprocas que son las socialmente esperadas para una relación entre —por ejemplo— una madre y un hijo adultos. Con frecuencia, el rol que desempeña el cuidador ya no corresponde a la etapa del ciclo vital en la que se encuentra; sin embargo, este se encuentra "obligado" a mantener el cuidado dadas las circunstancias de la enfermedad y su grado de parentesco con la persona afectada.

Dentro del concepto de *carga del cuidador* podemos distinguir dos tipos de carga: la "carga objetiva", referida al incremento de la carga de responsabilidades, la reducción del tiempo disponible para el descanso y el ocio, la reducción de la capacidad financiera y la posible pérdida de empleo, los efectos sobre la salud física y psicológica del cuidador y la disminución de su red social —con la consecuente pérdida de apoyo que esta le brindaba—. La "carga subjetiva", que guarda relación directa con la "carga objetiva", se refiere a la sensación individual del cuidador de estar soportando una carga, sensación que incluye el malestar subjetivo y sus preocupaciones asociadas (Alvarado et al., 2011). Además de estas dos acepciones del término, existen una serie de factores relacionados con la *carga del cuidador:* factores del contexto —diferencias entre culturas y diferencias de género—, factores relativos a la enfermedad del paciente —ciertos síntomas que producen conductas disruptivas en la vida familiar y social o síntomas negativos como aislamiento, abandono personal o manifestación de ideación suicida—, factores relativos al cuidador —falta de ayuda en las tareas de cuidado, falta de apoyo social y disconformidad con ejercer el papel de cuidador— y factores relacionados con los servicios de atención psicosocial para apoyar a estos cuidadores.

El impacto del cuidado de personas con enfermedad mental en sus familiares se estudia desde los años cincuenta y, en la década de los ochenta, comienza el desarrollo de intervenciones psicoeducativas destinadas al apoyo a los cuidadores. Como veremos en apartados posteriores, estas intervenciones se dirigirán a reducir la carga anteriormente mencionada y mejorar la calidad de vida de las personas afectadas (Alvarado et al., 2011).

4. *Estado de la cuestión*

4.1. ANTROPOLOGÍA Y SALUD MENTAL. PRINCIPALES APORTACIONES

En la medida en que los condicionantes de la salud ya no han sido atomizados en características psicológicas, en universales de comportamiento racional o en prototipos culturales fosilizados, el análisis sociocultural se postula como un método de análisis de las redes complejas de factores sociales, económicos y culturales que inciden en los procesos de salud y enfermedad. Y no solo eso. Aquí la etnografía también puede ser entendida como la puerta de acceso a otros mundos de experiencia y la base de una relación dialógica en materia de salud. (Martínez-Hernáez, 2010, p. 80)

El desarrollo de una investigación antropológica en el campo de la salud mental plantea una serie de cuestiones a tener en cuenta. La primera de ellas, de índole epistemológica: la antropología médica, a pesar de ser rica y amplia, no ofrece —aún— una amplia literatura de corrientes antropológicas diversas en el ámbito de salud mental. La segunda cuestión, de carácter casi *ontológico*, es la forma que distintos antropólogos han tenido de definir y concebir el malestar psíquico como un constructo meramente social, rechazando la categoría de *enfermedad* y centrándose en la noción de *estigma*. Si bien es cierto que el énfasis en el contexto social y cultural de la enfermedad mental es necesario para comprender el padecimiento mental en toda su complejidad, no deben pasarse por alto ciertas contribuciones de la psiquiatría para comprender los aspectos bioquímicos y fisiológicos asociados a dicho fenómeno. Además, a pesar de otorgar un peso principal al factor social en salud mental, la literatura antropológica con frecuencia no ha analizado con detenimiento la estructura institucional de atención a la salud mental, estructura que regula las nociones de etiquetado, diagnóstico y tratamiento de la enfermedad. Más allá de estas limitaciones, la literatura antropológica y sociológica cuenta con una serie de contribuciones fundamentales para el desarrollo de este trabajo.

La presente investigación se sitúa en el área de la antropología médica, encargada de analizar los contextos sociales y culturales de producción del sufrimiento. Esta antropología médica, a su vez, se enmarca dentro del paradigma de la salud colectiva, la cual es descrita, en palabras de Mónica Liborio, de la siguiente manera:

> "La salud colectiva se define como un conjunto articulado de prácticas técnicas, científicas, culturales, ideológicas, políticas y económicas, desarrolladas en el ámbito académico, en las instituciones de salud, en las organizaciones de la sociedad civil y en los institutos de investigación, informadas por distintas corrientes de pensamiento, resultantes de la adhesión o crítica a los diversos proyectos de reforma en salud". (Liborio, 2013, pp. 139-140)

En este paradigma, la salud mental es entendida como un campo interdisciplinario de los problemas estructurales relacionados con la salud que se manifiestan en personas individuales, pero cuyos antecedentes son sociales, culturales y políticos. La labor de la antropología médica en general y de la salud mental colectiva en particular se recubre necesariamente de un quehacer intersubjetivo: al mismo tiempo que necesitamos conocer cómo funcionan los sistemas de salud mental y los marcos de referencia de sus profesionales, precisamos escuchar y hacer visibles a los sujetos que sufren los padecimientos, así como los testimonios de su entorno más cercano. En este contexto, el enfoque etnográfico característico de la antropología "se conforma como una especie de microscopio relacional que intenta devolver a las representaciones, comportamientos y factores sociales su función y su lógica contextual" (Martínez-Hernáez, 2010, p. 65).

Situándonos en el terreno de los cuidadores de personas con enfermedad mental, la noción de *autoatención* desarrollada por Eduardo Menéndez (2005) cobra especial relevancia. La *autoatención* se define como el proceso que atraviesa una persona con determinado padecimiento desde que comienza a manifestar ciertos síntomas atribuidos a su patología hasta que es etiquetado por un profesional de la salud con un diagnóstico concreto. Es en este tiempo cuando, a pesar de que la *mirada médica* (Márquez y Meneu, 2003) aún no haya operado, la noción de "enfermo" le es atribuida por su familia y entorno más cercano —e incluso por ella misma— al tener ciertos comportamientos diferentes a los esperados, convirtiéndolos en síntomas patológicos. En el ámbito de la salud mental el proceso de *autoatención* cobra especial relevancia, pues cierta noción de *desviación* es atribuida a la persona con síntomas de enfermedad mental antes de cualquier diagnóstico médico. Este proceso resulta, en la mayoría de las ocasiones, confuso y frustrante para muchos pacientes y familiares, pero es este mismo proceso el que conduce a la detección de la enfermedad mediante el profesional de la salud correspondiente.

El psiquiatra Arthur Kleinman, en su obra *The Illness Narratives: Suffering, Healing and the Human Condition* (1988), aborda la definición de enfermedad como una experiencia individual y social. Kleinman distingue entre los conceptos de *illness*—cómo las personas perciben, viven y reaccionan ante la enfermedad y todo lo que ella provoca—, *disease*—concebido como las alteraciones en la estructura funcional del cuerpo— y *sickness*—el proceso que atribuye valor social, económico y político a la enfermedad—. Estos tres niveles diferentes de la experiencia de determinado padecimiento se conciben como esferas interdependientes: la categoría *illness* puede ser influenciada por las alteraciones en la estructura funcional de nuestro cuerpo —*disease*— y, a su vez, ambas estarán valoradas por el concepto *sickness,* es decir, el juicio social de nuestra experiencia como *enfermos* inscritos en un espacio y un tiempo determinados. Varias combinaciones podrían desplegarse de estos tres conceptos, concebidos como esferas delimitadas conceptualmente pero interrelacionadas en la realidad del mundo social que vivimos.

Las narrativas en primera persona recogidas en este trabajo, procedentes de familiares de personas con Trastorno Mental Grave, parten de una experiencia externa —aunque muy próxima— a la enfermedad; es decir, se colocan en la categoría *sickness,* reconociendo una co-dependencia entre ese "juicio externo" de los cuidadores y el nivel *social* y *societal* de la enfermedad (Turner, 1987). Por nivel social, entendemos las dinámicas institucionales y la regulación de los procesos de salud y enfermedad mediante el etiquetado y la noción de desviación. Es en este nivel social donde las categorías de enfermedad asociadas a determinado padecimiento cobran su existencia a través de la *mirada médica* anteriormente citada. En el nivel societal incluimos las estructuras sistémicas que moldean los patrones de los dispositivos asistenciales, cuyo análisis es imprescindible para comprender de qué forma estos dispositivos influyen en un mayor o menor nivel de *carga del cuidador*, así como en el afrontamiento y comprensión de determinadas enfermedades mentales.

A menudo se ha considerado que la asignación de un diagnóstico en salud mental conlleva, casi necesariamente, la atribución de una etiqueta y, con ella, la llegada del estigma social. Si bien en muchas ocasiones esto resulta cierto, la obtención de un diagnóstico "pone nombre a lo que pasa" y reduce, en cierta forma, la confusión anteriormente mencionada. Comprender la dimensión del diagnóstico y el etiquetado en salud mental conlleva entender la enfermedad y los dispositivos asistenciales que la regulan. Como hemos visto anteriormente, el Trastorno Mental Grave es mucho más que la asignación de un diagnóstico clínico. La enfermedad se produce en un contexto que actúa, en muchas ocasiones, como factor de riesgo a la hora de desarrollar un determinado padecimiento. Es entonces cuando la definición, la gestión y el tratamiento de la enfermedad se encuentran condicionados al apoyo del entorno y los recursos asistenciales disponibles.

En lo que se refiere a la comprensión de la enfermedad mental grave y sus implicaciones en la esfera familiar de la persona afectada, son especialmente relevantes las aportaciones de Arthur Kleinman acerca del carácter social y cultural de las enfermedades crónicas. Como nos recuerda este psiquiatra y antropólogo, la investigación en ciencias clínicas y del comportamiento —así como muchos de los profesionales que brindan asistencia en atención primaria o unidades de salud mental— no posee una categoría para describir el sufrimiento, ni tampoco una forma rutinaria de registrarlo a través de los relatos de pacientes y familiares sobre su experiencia de enfermedad. Estos médicos, psiquiatras o psicólogos tampoco han dedicado mucho tiempo a pensar en el efecto del dolor —físico o emocional— sobre la familia o la red social, ni lo devastador que puede ser ese sufrimiento para la persona que padece la enfermedad y su entorno más cercano. Es aquí cuando la antropología y sus técnicas de investigación cualitativas se presentan para hacer justicia a la complejidad del fenómeno analizando, a través de las narrativas en primera persona, las distintas percepciones y vivencias de dicho padecimiento. En palabras de Ángel Martínez-Hernáez y Martín Correa-Urquiza, "lo que realmente es evidente en el campo de la atención en salud es el sufrimiento, y que dar cuenta de él o dialogar con él es también restituir la condición humana, social y subjetiva de la enfermedad, es ser más vínculo que certeza"(Martínez y Correa, 2017, p. 269).

4.2. LA IMPORTANCIA DEL APOYO SOCIAL

> *El estudio de los significados de la enfermedad no se reduce a la experiencia individual de dicho padecimiento, también tiene mucho que ver con las redes y las situaciones sociales, así como con las diferentes formas de realidad social. Los significados de la enfermedad son compartidos y negociados.* (Kleinman, 1987, p. 200)

Como hemos visto con anterioridad, los problemas de salud mental no afectan únicamente a individuos aislados, también se sufren en el interior de sus familias. De acuerdo con Cantillo-Medina et al. (2022) y De la Cuesta et al. (2018), los familiares cuidadores de las personas afectadas por estas enfermedades a menudo aportan el apoyo emocional e instrumental para trabajar en pro de la independencia de sus parientes, tratando de suplir las deficiencias del sistema sanitario en materia de atención y cuidado. A pesar de ello, la importancia del apoyo familiar no suele estar reconocida por los profesionales —o, al menos, no todo lo que debería— a pesar de que muchos familiares comprometen su propia salud en dichas tareas de cuidado. Se ha considerado que la asistencia social en salud mental es un "complemento" a los cuidados médicos, pero lo cierto es que ambos sistemas de atención se retroalimentan. Si bien es cierto que en la mayoría de los casos de Trastorno Mental Grave sería casi imposible que el afectado evitase los periodos de crisis y estabilizarse sin la medicación correspondiente, el apoyo social se sitúa como fundamental en el desarrollo de una calidad de vida digna para estas personas.

La afiliación social se considera, desde una perspectiva psicosocial, una de las principales tendencias del comportamiento humano (Sánchez, 1991). En lo que respecta al apoyo social de los familiares, es importante recordar que la enfermedad mental grave conlleva, en el ejercicio de las tareas de cuidado, una serie de rupturas o cambios en las redes sociales naturales debido a la demanda de atención permanente de la persona afectada. Es por ello que los cuidadores suelen sentirse incomprendidos por el entorno social que ignora —o minusvalora— las tareas de cuidado continuado que estos se ven en la obligación de realizar. Como respuesta a las deficiencias del sistema sanitario y con el objetivo de suplir la ruptura de dichos lazos sociales, nacen dentro de la atención social los programas de apoyo a familias de personas con enfermedad mental. La creación de estas redes artificiales de apoyo social resulta fundamental para suplir las repercusiones de la enfermedad mental grave en las relaciones interpersonales del familiar-cuidador, creando grupos de pertenencia cuyos lazos de solidaridad se establecen a través de la experiencia común de sus miembros.

Los términos como *apoyo, autoayuda* o *ayuda mutua* han sido utilizados indistintamente en las últimas décadas para referirse a grupos sociales que establecen redes igualitarias entre pares como medio para enfrentarse a problemas específicos, satisfacer ciertas necesidades comunes y/u obtener los cambios personales y sociales deseados. Sin embargo, no fue hasta los años setenta cuando se produjo, por parte de las ciencias sociales en general y de los servicios asistenciales en particular, un interés mayoritario por los sistemas de apoyo social y un reconocimiento de los efectos positivos que tienen en la salud física y emocional de sus participantes (Martín Ferrari et al., 2000). Los grupos de apoyo a familiares cuidadores se ubican dentro de los Programas de apoyo a familias de los servicios de rehabilitación social —en nuestro caso, asociaciones de salud mental—. Es en estos servicios donde la creación "artificial" de grupos por parte de los profesionales permite reunir a los familiares para el desempeño de una serie de actividades —de carácter informativo, trabajo personal y grupal, autocuidado, etc.— en un clima de confianza y mutualidad. A través de la experiencia común de los miembros, se produce una dinámica de reciprocidad favorecida por la empatía sentida hacia las experiencias compartidas por otros.

A pesar de que, de acuerdo con Martín Ferrari et al. (2000), los grupos de apoyo se diferencian de los grupos de autoayuda por la presencia de un profesional, las características de ambos grupos son muy similares: sus reuniones se realiza una vez por semana con una duración de aproximadamente noventa minutos y el número de participantes oscila entre diez y doce miembros. Ambos grupos se diferencian los grupos denominados "terapéuticos"[5] en su asistencia voluntaria a las actividades, así como en una mayor heterogeneidad entre sus participantes. En un clima de confianza y reciprocidad, los miembros de estos grupos están instados a expresarse libremente y colaborar los unos con los otros bajo dos principios básicos: la existencia de un problema compartido y la confianza en la ayuda de semejantes. A pesar de que, en los grupos de apoyo, el papel del profesional es imprescindible para fomentar la interacción entre los participantes y atender sus necesidades (Taylor et al., 1986), la labor de coordinación del grupo no recae exclusivamente en este profesional sino que debe contar con el compromiso personal de cada uno de sus miembros. Además, debe existir un compromiso de confidencialidad: esto es, está prohibido hablar fuera del grupo de lo que allí se expresa, así como ofrecer a terceras personas datos concretos de sus participantes.

Los objetivos de los grupos de apoyo se centran en la esfera personal y social de sus miembros, trabajando en pro de un incremento de la autoestima y la aceptación a uno mismo, construyendo estrategias de integración social y consecución de habilidades sociales más eficaces. Con la presencia del profesional y la colaboración entre iguales, estos grupos deben promover el manejo emocional de sus participantes proporcionando a cada uno de ellos el *feedback* necesario con respecto a su comportamiento y sus acciones. De acuerdo con Levine y Perkins (1987), estos grupos de apoyo promueven el sentimiento psicológico de comunidad y proporcionan un significado que da sentido a las circunstancias particulares de cada sujeto, las cuales no se ajustan a la "norma ideal" de la sociedad de pertenencia.

---

5 "Terapia de grupo".

5. Metodología

Lo que las personas "dicen" forma parte de lo que las personas "hacen", en la medida en que "decir" no es sino una forma más de "hacer". (Díaz de Rada, 2011, p. 92)

La necesidad de recoger las narrativas de los familiares acerca de sus percepciones y experiencias en el cuidado de personas con enfermedad mental y su relación con el Programa de apoyo a familias hace imprescindible el uso de una metodología cualitativa. Como nos recuerda Irene Vasilachis (2006), la metodología cualitativa se interesa por la forma en que la complejidad de las interacciones sociales se expresa en la vida cotidiana y por el significado que las personas atribuyen a estas acciones. De acuerdo con Verd y Lozares (2016), este tipo de metodología ha sido considerada como la más adecuada para estudiar cómo distintos grupos o colectivos de pertenencia elaboran, interpretan y se apropian del significado de sus interacciones y vivencias. Con el fin de analizar las interpretaciones grupales acerca del fenómeno estudiado —es decir, el cuidado familiar de personas con enfermedad mental y la repercusión del Programa en el afrontamiento de dicho cuidado—, la observación participante se ha considerado la técnica más adecuada para el ejercicio de esta tarea. Esta observación se ha concretado en la asistencia a seis reuniones del grupo de familias de la Asociación Salud Mental Salamanca durante los meses de marzo, abril, mayo y junio y, en concreto, en la asistencia a las siguientes sesiones: tres reuniones del Grupo de Apoyo a familias, dos reuniones del Taller de psicoeducación y una sesión de la actividad *Respiro.* Todas ellas han tenido lugar en el local de la Asociación, con una duración máxima de dos horas.

Con respecto a la recogida de narrativas particulares, la técnica de la entrevista individual semiestructurada ha sido considerada la mejor herramienta para acceder a los discursos de cada una de las personas entrevistadas. El objetivo de esta técnica cualitativa es, en palabras de Juan José Ruiz, "reconstruir lo social desde lo personal, y a su vez lo personal desde lo social y cultural; se trata, en definitiva, de desentrañar la estructura social que conforma la personalidad de los entrevistados" (Ruiz, 2015, pp. 51-52). El instrumento utilizado en este tipo de entrevistas ha sido un protocolo elaborado previamente por la investigadora, el cual se encuentra en el Anexo 10.2. de este trabajo. Este protocolo de entrevista consta de dos partes: la primera de ellas recoge los datos referidos a la fecha, hora, lugar y duración de la entrevista. Asimismo, esta parte refleja los datos sociodemográficos y clínicos de la cuidadora, así como los referidos al familiar susceptible de cuidados por enfermedad mental. La recogida de estos datos fue motivada por el estudio de Navarro y Carbonell (2018) acerca de la sobrecarga familiar y el apoyo social en cuidadores de personas con Trastorno Mental Grave, el cual plantea la necesidad de registrar las siguientes variables asociadas al cuidador o cuidadora y su familiar: edad, sexo, estado civil, parentesco con la persona enferma, tenencia de trabajo remunerado, tenencia de enfermedad crónica/enfermedad diagnosticada, grado de discapacidad reconocido, dispositivo de atención a la salud mental al que asiste, asociacionismo activo, asistencia a talleres psicoeducativos, entorno geográfico y tipo de atención recibida. La segunda parte, denominada *guión de entrevista,* se divide en cuatro bloques: *1. Situación actual; 2. Trayectoria vital. Inicio del diagnóstico de enfermedad en el familiar y proceso de cuidados; 3. Entrada en la Asociación y participación en el Grupo de Familias; 4. Impacto del Grupo de Familias en la comprensión y el afrontamiento del padecimiento del familiar.* Cada uno de estos bloques contiene una serie de preguntas asociadas al tema en cuestión, las cuales sirvieron como guía en el desarrollo de la entrevista sin la intención de plantearlas como preguntas cerradas. Al tratarse de una entrevista semiestructurada, estas preguntas solamente se tomaron como referencia, respetando la deriva natural del discurso de las entrevistadas.

5.1. CAUTELAS ÉTICAS

Las cautelas éticas que se han tomado en cuenta para el intercambio de informaciones con los participantes de esta investigación han seguido los principios éticos generales sobre la investigación con seres humanos definidos por el *Informe Belmont* (1979): la justicia, la no maleficencia, la beneficencia y el respeto a la persona y su autonomía. Dichos principios éticos generales sobre la investigación con seres humanos han sido recogidos en la Declaración ética de la *American Anthropological Association* (AAA), así como en las Orientaciones deontológicas de la *Federación de Asociaciones de Antropología del Estado Español* (FAAEE).

En lo que refiere al ejercicio de esta investigación, la *justicia* ha sido definida como la garantía de libertad de los participantes, los cuales tendrán derecho a expresarse libremente en un diálogo en el que sus aportaciones a la investigación no serán interpretadas de manera arbitraria de acuerdo con el juicio exclusivo de la investigadora, sino que serán tomadas en cuenta y contrastadas con los discursos del resto de participantes. En este sentido, el principio de *justicia* se relaciona con el primer compromiso del antropólogo definido por la FAAEE, relacionado con nuestras obligaciones para con los/participantes de la investigación: el antropólogo "promoverá y hará honor a la reciprocidad y confianza mutua entre investigadores y participantes, reflexionando explícitamente sobre las relaciones de poder establecidas en el trabajo antropológico, potenciando unas relaciones lo más igualitarias y participativas posibles" (FAAEE, 2014). El principio de *no maleficencia,* la obligación ética principal compartida por el conjunto de los antropólogos, pone de relevancia que, en cualquier tipo de trabajo con personas, existen riesgos de carácter psicológico —la forma en la que el participante es afectado por la información que se le da o la que él ofrece— social —en relación con la influencia de la investigación en sus relaciones con la comunidad— o familiar —complicaciones en el entorno inmediato. Por ello, el análisis y los resultados de esta investigación no reflejarán informaciones susceptibles de provocar daños o perjuicios a sus participantes

El principio de *beneficencia,* a diferencia de la *no maleficencia,* supone una acción positiva de no solo no dañar, sino de promover el "bien" para la comunidad estudiada. A pesar de que no es exigible que actuemos de manera benefíciente en cuanto comportamiento ético se refiere, la antropología aplicada y su carácter *implicado* promueven especialmente el ejercicio de este principio pues, como nos recuerda María Jesús Buxó (2007), la meta de la investigación aplicada no consiste en "construir feudos académicos, sino promocionar el cambio social democrático y sustentarlo" (Buxó, 2007, p. 346). En este sentido, la presente investigación pretende hacer públicos sus resultados para el conjunto de los participantes y la comunidad científica, de acuerdo con el quinto principio del código de ética de la AAA[6], así como contribuir a la elaboración de medidas y políticas públicas que mejoren la atención a la salud mental y los servicios asistenciales disponibles para las personas con enfermedad mental y sus familias.

El principio de respeto a la *autonomía* atribuye a los distintos participantes de la investigación el derecho —y deber— de la libertad y la responsabilidad. Este principio está presente cuando los participantes actúan de modo intencional, sin coacción y con plena consciencia de lo que hacen (García-Alonso, 2016). En la disciplina antropológica, el ejercicio de la etnografía y la aplicación de la investigación cualitativa buscan garantizar el principio de autonomía mediante la elaboración de un consentimiento informado. En esta investigación, este consentimiento ha sido aplicado de forma oral durante la primera sesión de la observación participante. Este consentimiento recogió la aprobación, por parte de los participantes del Programa de apoyo a familias, de utilizar la información recogida en las diferentes reuniones garantizando la confidencialidad acerca de sus datos personales, así como de cualquier otro dato o testimonio que ellos consideren confidencial. Asimismo, se garantiza que la información recogida será utilizada exclusivamente para el desarrollo de esta investigación.

La entrega de un consentimiento informado elaborado y firmado por escrito se ha reservado a las personas entrevistadas en el desarrollo de esta investigación. Para este fin, se utilizó el modelo de consentimiento aportado por el Departamento de Psicología Social y Antropología de la Universidad de Salamanca. Este modelo ofrece, en primer lugar, información acerca del nombre de la investigadora y una breve descripción de los objetivos del trabajo. En segundo lugar, la firma del consentimiento garantiza la confidencialidad de los datos —utilizados únicamente para los fines de la investigación— a los cuales solo tendrá acceso la investigadora, de

---

6 "Haz tus resultados accesibles".

acuerdo con la Ley Orgánica 15/1999 sobre la Protección de Datos de Carácter Personal. En tercer lugar, se garantiza la revocación inmediata del consentimiento en caso de que el participante —sin necesidad de justificación previa— decida dejar de formar parte de la investigación. Por último, se recoge la declaración del consentimiento con el nombre del participante y su aceptación explícita de haber comprendido la información anteriormente mencionada, con fecha y firma correspondiente, consintiendo su participación. Por razones evidentes de garantía del anonimato, en este trabajo no se presentan dichos consentimientos firmados.

El respeto al derecho de anonimato de las mujeres entrevistadas y sus familiares conlleva la necesidad de presentar a las participantes por sus nombres ficticios: *Lola* y su hija *Raquel, Julia* y su hijo *Pedro, Flor* y su hijo *Jorge, Rosario* y su hijo *Manuel.* Asimismo, los datos referidos al lugar de residencia de alguno de los familiares, así como otros datos que puedan identificarlos de manera explícita, han sido modificados. Otras informaciones de interés —profesión de las participantes, tipo de estudios de los familiares, tipo de diagnóstico, etc.— consideradas relevantes para la comprensión de sus narrativas, percepciones y vivencias han sido conservados con el permiso del conjunto de las entrevistadas.

5.2. CRONOGRAMA

Duración	Diciembre	Enero	Febrero	Marzo	Abril	Mayo	Junio	Julio
Actividad	Mes 2	Mes 2	Mes 3	Mes 4	Mes 5	Mes 6	Mes 7	Mes 8
Elección del tema								
Revisión bibliográfica								
Objetivos y metodología								
Marco teórico								
Estado de la cuestión								
Trabajo de campo								
Análisis del material								
Discusión								
Conclusiones y aplicabilidad								
Introducción, resumen y agradecimientos								

6. Análisis de las fuentes etnográficas

6.1. EL PROGRAMA DE APOYO A FAMILIAS

Las diferencias culturales y étnicas, la clase social y las limitaciones económicas, así como otros muchos factores, se manifestarán en esta labor de hacer que la enfermedad forme parte de la construcción familiar de la realidad. Comprender la influencia de la enfermedad en la familia exige comprender la propia familia, no solo la enfermedad. (Kleinman, 1987, p. 199)

Para la realización de esta investigación acudí a un total de seis reuniones pertenecientes al Programa de apoyo a familias de la Asociación Salud Mental Salamanca, las cuales han tenido lugar entre los meses de marzo a junio de 2023. Para explicar en qué consistieron estas sesiones y relacionarlas con las actividades del programa, comenzaré describiendo el grupo de familiares asistentes a las mismas para después definir las diferentes actividades ofertadas.

El grupo que asiste a las reuniones del Programa está formado, en su mayoría, por padres y madres de personas afectadas por un Trastorno Mental Grave, asistiendo también algunas hermanas, maridos e hijas de estas personas. Las participantes son, en su mayoría, mujeres con una edad superior a los sesenta años. La asistencia de los distintos participantes varía en función de cada sesión, pero su número se sitúa entre las once y las catorce personas. Estas reuniones se realizan una vez por semana. Cada miércoles, de 17:00 a 19:00h., el conjunto de participantes se reúne en una de las salas principales de la Asociación para realizar la actividad pertinente. Estas actividades pueden clasificarse en tres tipos:

1. **Grupo de Apoyo a familias**: este grupo es dirigido por la psicóloga de la Asociación. La dinámica de estas reuniones consiste en trabajar un tema específico relacionado con los sentimientos o emociones del familiar en conexión con el cuidado de la persona afectada por la enfermedad. En cada reunión, los participantes se colocan en círculo para comenzar con una dinámica de relajación guiada por la profesional. Es después de esta dinámica cuando se crea un clima de tranquilidad y

concentración para trabajar el tema correspondiente. La psicóloga introduce el tema en cuestión y los distintos participantes, de forma voluntaria, intervienen para debatir o aportar dudas y comentarios personales. La labor de este grupo reside en aportar un espacio seguro en el que los familiares puedan expresarse libremente, trabajando técnicas de autocuidado y aceptación de las propias emociones.

2. **Taller de psicoeducación:** esta actividad consiste en la exposición, por parte de la psiquiatra de la Asociación, de una serie de cuestiones relacionadas con la explicación de los distintos tipos de enfermedad mental: síntomas, tratamientos, efectos secundarios de los psicofármacos, etc. La profesional expone el tema en cuestión y los familiares intervienen para realizar preguntas o aportar alguna vivencia personal.

3. **Respiro***:* esta actividad, considerada como la más "expansiva" por el grupo de familiares, consiste en la realización de diferentes dinámicas de relajación —*mindfulness*— o distintas actividades lúdicas y educativas. El *Respiro* es impartido por monitoras y educadoras de la Asociación.

Además de las sesiones descritas anteriormente[7], existen otra serie de reuniones puntuales como actividades culturales realizadas en el exterior —visita a lugares emblemáticos de la ciudad de Salamanca o asistencia a jornadas y conferencias sobre salud mental— y reuniones de ocio.

Durante la etapa de trabajo de campo, asistí a tres reuniones del Grupo de Apoyo, dos talleres de psicoeducación y una sesión de *Respiro*. Las dos primeras reuniones del Grupo de Apoyo discurrieron de forma similar, comenzando por la dinámica de relajación anteriormente mencionada. En la primera de las reuniones fue tratado el tema de la soledad del cuidador y el "sentimiento de culpa" o impotencia a la hora atender de forma adecuada las necesidades de las personas susceptibles de cuidados en salud mental. El clima de estas sesiones fue de auténtica complicidad y respeto. Una vez introduci-

---

[7] Estas actividades se suceden semanalmente. Un miércoles de Grupo de Apoyo es seguido por un Taller de psicoeducación, para el siguiente miércoles continuar con la actividad de Respiro y, posteriormente, el ciclo vuelve a repetirse.

dos los temas, los familiares comenzaron a intervenir —a veces de forma espontánea, a veces interpelados por la psicóloga— narrando sus propias experiencias vitales. No fueron escasos los cuestionamientos a la profesional acerca de, por ejemplo, la definición del término *culpa* y su carga opresora procedente de la tradición judeocristiana, así como los debates acerca de la evolución de dicho sentimiento en sus vidas, de acuerdo con sus experiencias en relación con la enfermedad.

La interacción entre los participantes fue otro elemento reseñable ya que, sin necesidad de una intervención por parte de la psicóloga, estos dialogaban unos con los otros y se lanzaban consejos, recomendaciones y mensajes de refuerzo positivo. En todo este proceso, el objetivo de la profesional fue la orientación de la conversación al ejercicio de un trabajo de *autocuidado,* el cual comenzaría en aquellas reuniones pero debía ser practicado diariamente. En este aprendizaje del *autocuidado,* se insta a los cuidadores a trazar límites entre sus vidas y las de sus familiares, construyendo espacios de descanso y ocio que sean propios, de tal forma que la totalidad de su tiempo no sea consumido por las tareas de cuidado.

La asistencia a los talleres de psicoeducación fue más numerosa en el total de participantes: asistieron hasta catorce familiares. En el primer taller al que acudí, la psiquiatra se encargó de realizar una exposición acerca de los efectos secundarios de los psicofármacos centrándose, principalmente, en tres grupos: los neurolépticos o antipsicóticos —para el tratamiento de la esquizofrenia u otras patologías con alteraciones en la esfera psicótica—, los antidepresivos —tratamiento farmacológico de la depresión y la ansiedad— y los ansiolíticos —tratamiento puntual de las crisis ansiosas y/o ataques de ansiedad—. Dicha exposición fue didáctica, dinámica y adaptada al público general. Las participantes hablaron sobre los efectos que la medicación tiene en la salud y el comportamiento de sus familiares pero, fundamentalmente, aprovecharon la sesión para lanzar preguntas a la psiquiatra acerca de las consecuencias de tomar determinados tratamientos a largo plazo[8]. El segundo de los talleres

8 Recordemos que, aunque los tratamientos farmacológicos para los trastornos mentales graves puedan variar en función del proceso de salud-enfermedad de

fue dedicado a la definición del trastorno límite de la personalidad, explicando sus síntomas y posibles tratamientos. Al acabar la exposición, de forma espontánea, los participantes colocaron sobre la mesa el tema del suicidio, exponiendo la necesidad de tratar el duelo por este tipo de muerte en las reuniones del Grupo de Apoyo. A diferencia de este grupo o del *Respiro,* los talleres de psicoeducación adquieren más un aspecto de "exposición" por parte de la psiquiatra que un espacio de diálogo entre las participantes. Aun así, permanece un ambiente distendido en el que las profesionales y algunos de los familiares bromean acerca de ciertas situaciones o conflictos que se le presentan. Este taller presenta una gran aceptación entre los participantes, lo que se observa en un mayor número de asistentes.

La sesión de *Respiro* fue, con diferencia, la reunión más distendida a la que asistí. A pesar de su carácter lúdico y dinámico, fue la menos numerosa en participantes —tan solo ocho—. La monitora que guió las actividades de esta sesión presentaba un carácter alegre y divertido y, antes de comenzar, nos invitó a que todos nos presentásemos. A continuación, la tarea a desempeñar ese día fue el repaso del alfabeto en lengua de signos española. Aprendimos, uno por uno, a indicar nuestro nombre con dicho alfabeto gestual, así como el lenguaje de algunas palabras comunes como los colores o las estaciones del año. Para finalizar la sesión, jugamos a un *pasapalabra musical* que implicaba música y baile. Esta actividad, que contenía las canciones más típicas de la época de juventud de los participantes, terminó con un baile en círculo en el que las personas salían a bailar solas o en pareja, para después despedir la sesión con un abrazo colectivo y de agradecimiento a la monitora. El ambiente de esta reunión fue alegre y agradable; y los participantes se mostraron muy satisfechos con la profesional y el desarrollo de la sesión.

Me gustaría hacer una serie de aclaraciones respecto a mi papel en las distintas reuniones. A pesar de que, en todas las sesiones a las que asistí, mi trabajo se centró en la observación de la dinámica de las mismas y la interacción entre los participantes, este trabajo

---

cada persona —mayor o menor dosis y/o combinación de varios psicofármacos— estos son, en la mayoría de los casos, tratamientos crónicos que deben tomarse a lo largo de toda la vida.

fue acompañado de ciertas intervenciones por mi parte. El hecho de haber sido participante del Grupo de Ayuda Mutua de la Asociación ha condicionado en cierta manera mis intervenciones sin buscar, en ningún momento, que mi papel en el grupo de familiares se limitase a mi condición de participante de otro de los servicios de la Asociación.

La última de las sesiones a las que acudí, como cierre de mi participación en el Grupo de Apoyo a familias, merece una mención aparte. Las características de esta reunión deben ser especificadas ya que, dada mi "condición" de persona que ha padecido problemas de salud mental, fui llamada junto con otros dos compañeros para contar mi experiencia al respecto. Es en este momento donde existió una mayor ambigüedad entre el papel que, como estudiante-investigadora, estaba desempeñando en la Asociación, y mi papel como usuaria de uno de los servicios de la misma. Fue aquí donde, claramente, los enfoques *emic* y *etic* se fundieron inevitablemente —dadas las características de esta investigación— con cierta condición intrínseca a mi persona. Es por ello que mi intención narrando esta última sesión es destacar una dinámica novedosa en la Asociación que buscará introducirse con más frecuencia en el Programa de familias por parte de los profesionales: el diálogo entre cuidadores y usuarios en la búsqueda de un mejor entendimiento y comprensión.

En esta reunión, el respeto a los testimonios de los otros fue esencial para establecer un diálogo entre familiares y usuarios, diálogo marcado por la escucha y el *feedback* positivo de los asistentes. Otro de los aspectos a destacar fue la forma en la que, en ciertas ocasiones, el papel de *cuidador* y *cuidado* se mezcla en personas que poseen, a la vez, una enfermedad mental y un familiar que también la sufre. Es aquí cuando comprendemos que este tipo de trastornos son mucho más que un diagnóstico o un conjunto de síntomas determinados. Estas enfermedades repercuten de tal forma en la esfera familiar y social que, sin el análisis de esa repercusión, no será posible comprender el Trastorno Mental Grave en su adecuada complejidad y trascendencia.

Es importante señalar que el perfil de las personas susceptibles de cuidado por enfermedad mental no es homogéneo, sino que es constituido por una gran variedad de casuísticas y contextos. El Programa de Apoyo a familias está dirigido tanto a cuidadores de personas con determinado trastorno mental que poseen una vida plenamente autónoma y necesitan más atención en momentos puntuales —periodos de crisis debidos a su enfermedad— como a familiares de personas cuya fase de rehabilitación psicosocial o discapacidad les sitúa como demandantes de una atención continuada. Esta variedad de contextos y características de la enfermedad provoca, entre otra serie de variables, que las necesidades de los distintos familiares sean plurales y diversas.

6.2. NARRATIVAS EN PRIMERA PERSONA

Antes de comenzar con en análisis de los discursos recogido en las entrevistas, me gustaría aclarar una serie de cuestiones sobre las personas entrevistadas. Las participantes fueron cuatro mujeres, madres de personas con enfermedad mental grave. Todas ellas han trabajado y dos se encuentran en situación laboral activa, mientras que las otras dos están en periodo de jubilación. Asimismo, las cuatro mujeres forman parte activa de la Asociación y acuden a las actividades dirigidas a las familias con regularidad. Tres de ellas conocieron la Asociación por Internet, mientras que la otra —eran "otros tiempos"— la conoció por recomendación de una conocida.

A continuación, me dispongo a presentar brevemente a cada una de las entrevistadas junto a una serie de datos acerca de sus hijos, con el fin de poder introducir cada uno de los contextos.

Lola

Lola es una mujer de 64 años que reside en Salamanca. Está divorciada y trabaja como administrativa por cuenta propia. Hace unos años le diagnosticaron un cáncer de colon, aunque se encuentra en una situación estable con respecto a su enfermedad. Actualmente, Lola no toma psicofármacos, si bien ha tomado ansiolíticos puntualmente durante las crisis experimentadas por su hija. Esta, Raquel, es una mujer de 28 años. Estudió Pedagogía y es profesora de instituto y opositora; hace unos 8 años que experimenta síntomas asociados a su patología pero aún no tiene un grado de discapacidad reconocido —

si bien está en proceso—. Raquel ha sido ingresada en el hospital durante un periodo de tres meses por el agravamiento de sus síntomas aunque todavía no tiene un diagnóstico claro. Actualmente se encuentra con tratamiento farmacológico y en seguimiento por un psiquiatra de su unidad de salud mental correspondiente, así como por una psicóloga privada. Raquel solo asiste a las actividades de la Asociación puntualmente, pues no vive en Salamanca. Aun así, aprueba con gran satisfacción la asistencia de su madre a los talleres dirigidos a las familias y, de acuerdo con el relato de Lola, siempre se ha mostrado muy colaboradora en su recuperación, hablando abiertamente de lo que le pasa con las personas de su entorno más cercano.

Julia

Julia es una mujer de sesenta años y trabaja como funcionaria en una institución pública del Estado aunque, en el momento de la entrevista, se encuentra en el final de una baja por estrés laboral. Julia recibe un tratamiento con antidepresivos por la situación que ha enfrentado en el cuidado de su hijo y, recientemente, debido a su situación laboral, el psiquiatra ha decidido aumentarle la dosis del fármaco. Hace cuatro años le diagnosticaron un cáncer de mama pero actualmente se encuentra estable con respecto su enfermedad. Julia está casada y, desde el comienzo de su participación en la Asociación, asistió junto a su marido a las charlas y los talleres. Sin embargo, con la llegada de la pandemia, el aforo reducido de las actividades limitó la participación a un miembro de la familia —con independencia de las personas usuarias—, y desde entonces Julia acude a la Asociación sin su pareja a pesar de haberse eliminado el límite de plazas. Su hijo, Pedro, tiene veintinueve años y es auxiliar de enfermería, aunque en el momento de la entrevista no se encuentra en situación laboral activa. Pedro fue diagnosticado de esquizofrenia mientras cursaba el tercer año de la carrera de Fisioterapia, hace nueve años. La asistencia sanitaria que recibe Pedro en materia de salud mental es el seguimiento de un psiquiatra perteneciente a un seguro privado, y posee un grado de discapacidad reconocido de un 33%. Pedro nunca ha sido ingresado en un hospital a costa de su enfermedad y permanece estable desde que recibe un tratamiento farmacológico continuado, con una reducción casi completa de los síntomas aunque con ciertas dificultades de concentración para estudiar. Pedro participa en las actividades de deporte de la Asociación —concretamente, juega al fútbol—.

Flor

Flor es una mujer de setenta años, viuda y actualmente jubilada. A lo largo de su vida, trabajó en el ámbito de la estética y como profesora de yoga. Desde el año 2018, Flor recibe un tratamiento con antidepresivos ya que, como ella indica, siempre tuvo cierta tendencia al "estado de ánimo bajo" y, durante el año de la prescripción de los fármacos, su situación personal y familiar se complicó. Flor afirma haber acudido a psicoterapia en su juventud, justo al terminar la carrera, así como en el año 2018, momento en el que fue derivada a una unidad de salud mental. Flor asiste a las charlas y actividades del Programa de apoyo a familias y es miembro de la Asociación desde febrero de 2023. Jorge, su hijo, tiene treinta y cuatro años y es usuario del Centro de día. Fue diagnosticado con Trastorno Obsesivo Compulsivo (TOC) hace cinco años y recibe una asistencia continuada por parte de una psiquiatra —anteriormente a su participación en el Centro de día, también con una psicóloga— así como tratamiento continuado con psicofármacos. Con anterioridad al diagnóstico, Jorge estudió Filología Inglesa y trabajó eventualmente como profesor de inglés particular, aunque con ciertas dificultades para encontrar empleo debido a su situación con respecto a su enfermedad. Su madre afirma que Jorge ha tenido cierto rechazo en aceptar su diagnóstico y los síntomas que le produce su patología; rechazo que, actualmente, se está transformando en aceptación y descubrimiento de sus capacidades. Jorge ha solicitado el reconocimiento de la discapacidad y pero aún no se ha producido la resolución de dicho proceso.

Rosario

Rosario es una mujer de setenta y un años, casada y jubilada. Anteriormente, trabajó en empleos de oficina y labores de limpieza y cuidado. Rosario ha solicitado atención por parte del médico de cabecera y su derivación al psiquiatra porque considera que tiene problemas de salud mental aunque, a pesar de padecer insomnio crónico, ha sido considerada una persona "sana" en ese sentido. Rosario es la entrevistada con mayor antigüedad en la Asociación —lleva en ella desde los años noventa—, momento en el que esta entidad tenía una dinámica e infraestructura muy distintas a las actuales. En estos momentos, Rosario continúa participando en las actividades del Programa de apoyo a familias. Su hijo, Manuel, tiene cincuenta años. En el año 1994 fue diagnosticado con Esquizofrenia Paranoide tras su primera crisis, en la cual permaneció desaparecido durante once días. Tras su primer ingreso en el hospital, Manuel vivió con sus padres y trabajó mientras recibía un tratamiento farmacológico hasta que, después de una serie de ingresos hospitalarios, pasó a vivir en una residencia de rehabilitación psiquiátrica. Actualmente se encuentra allí y recibe con frecuencia las visitas de su madre.

Las cuatro mujeres entrevistadas comenzaron sus relatos narrando, de manera cronológica, la evolución del proceso de *autoatención* de sus respectivos hijos hasta la llegada del diagnóstico de la enfermedad y su tratamiento. Durante todo este proceso, la *función familiar* de las entrevistadas presenta ciertas particularidades que se reflejan en una mayor o menor *carga de las cuidadoras,* así como en un proceso de salud-enfermedad-atención distinto en cada uno de sus parientes.

El caso de Flor resulta el más paradigmático en este sentido. Flor vive sola con su hijo desde que se separó de su marido, al que define como una persona de carácter autoritario que siempre resultó "una losa" para ella y para su hijo. Flor atribuye el carácter introvertido de Jorge a una educación estricta, la cual le ha conducido a una dificultad para expresar sus emociones. Además, la enfermedad de su padre y, posteriormente, su muerte, pudieron haber actuado como detonantes del inicio de su enfermedad. En este sentido, encontramos paralelismos entre el relato de Flor y el testimonio de Lola. Esta, una mujer divorciada, narra cómo el alcoholismo de su marido quebró el vínculo entre ambos. En el momento de la separación, los síntomas de la enfermedad de su hija habían comenzado sin tener aún un diagnóstico claro. A pesar de que, en el caso de Lola, su marido fue capaz de empatizar en cierta medida con el malestar de su hija, ella se vio obligada a "mover ficha" debido a la sobrecarga de tareas de cuidado dirigidas tanto a Raquel como a su marido:

> *Llegó el momento en el que estaba tan mal que dije "mira, aquí hay que mover ficha". Ficha es exponerle. Nos sentamos los cuatro en la*

> *mesa y dijimos: "mira, si no pones cartas en el asunto —que vamos a estar contigo— yo me voy a separar de ti, porque no puedo vivir así todo el tiempo. Que si vienes, que si no vienes, que si cómo vienes,..." [...] Entonces él dijo: "yo no voy a cambiar". Nos divorciamos. (Lola)*

De acuerdo con el relato de Lola, existió un esfuerzo por parte del conjunto de la familia de recuperar la *función familiar* resquebrajada por la enfermedad del padre cuya muerte, años después, provocó de manera indirecta un empeoramiento de la enfermedad de Raquel. A pesar de que Lola se quedó sola frente al cuidado de su hija en el hogar, contó con el apoyo de su hijo mayor. Por otro lado Flor, con escaso apoyo familiar, refiere un mayor nivel de carga de cuidados motivada por el rechazo de su hijo a aceptar su propia enfermedad, así como por constituir el principal apoyo psicológico para él en su proceso de afrontamiento. Lola, sin embargo, reconoce el esfuerzo de su hija por comprender sus síntomas y "luchar" por su recuperación.

El caso de Rosario presenta ciertas particularidades a este respecto. A pesar de contar con una hija que, de acuerdo con su relato, la ha ayudado en el cuidado de Manuel, Rosario refiere un escaso apoyo por parte de su marido. Es importante considerar que, en la época en la que su hijo recibió el diagnóstico, las diferencias entre hombres y mujeres eran más pronunciadas que en nuestros días. Durante la entrevista, Rosario relató cómo, en la necesidad de contar con ciertas instituciones para la búsqueda de su hijo cuando este desapareció, precisó de su marido para que la tomaran en serio. De igual modo, acusa a los médicos de Atención Primaria de no haberla creído cuando les informó de los comportamientos "extraños" que estaba experimentando su hijo. Además, Rosario refiere el escaso apoyo de su marido en las tareas domésticas y de cuidado.

El relato de Julia es diferente en este sentido. En su caso, la *función familiar* se encuentra conservada a pesar de las dificultades derivadas del diagnóstico de su hijo. Su marido y su hijo menor han colaborado en las tareas de cuidado prácticamente desde el inicio de la enfermedad. Debido a las dificultades de Pedro para permanecer viviendo en la ciudad en la que estudió, el conjunto de la familia se implicó para llevarlo a la universidad durante las clases y traerlo de vuelta a casa cada día. Además, el relato de Julia se expresa continuamente en plural: "pensamos", "notamos", "nos apuntamos", etc., lo cual implica una clara participación de su marido en las decisiones con respecto a su hijo. La implicación familiar en el proceso de recuperación de Pedro, así como la conciencia de enfermedad y sus condicionantes, provocan que el conjunto de la familia se involucre en el proceso de cuidados continuados.

Es necesario destacar que en el caso de Julia —al igual que en el resto de los relatos— existe una *conciencia de enfermedad* que ha ido evolucionando junto a la labor de cuidado. A este respecto, el testimonio de Julia es especialmente relevante ya que, debido a la presencia de antecedentes familiares de enfermedad mental grave[9], su marido y ella ya conocían las características de este tipo de padecimientos:

> *Al principio nos llevamos un gran disgusto. Tanto mi marido como yo, como lo hemos vivido en casa y sabemos lo que es… Digo "¡hay que ver! Qué mala suerte, que nos toca esto". Pero bueno, ya lo sabíamos, no es como a alguien que le viene algo nuevo sino que ya… él con su padre y yo con el mío ya sabíamos cómo es la vida con estos enfermos. […] Entonces, ya sabíamos un poco cómo era y tratamos de ayudarlo. (Julia)*

De igual modo Lola afirma que, con anterioridad a la participación en el Programa de apoyo a familias, ella ya tenía cierta conciencia de enfermedad dada la experiencia con su marido. De acuerdo con su relato, el alcoholismo, al igual que el padecimiento de su hija, son enfermedades que merecen consideración por parte de la familia y el entorno social. Flor y Rosario, a pesar de no tener experiencias previas de cuidados a familiares con enfermedad mental, demuestran una gran sensibilidad por el malestar psicológico de las personas. La conciencia de Flor viene atribuida por un interés hacia los estudios de psicología y la gestión emocional, así como por la práctica de yoga. En su relato, Flor desprende comprensión y paciencia hacia su hijo en las tareas de cuidado, amparo y apoyo. Rosario, en la dureza de su discurso, manifiesta la dificultad de asumir el diagnóstico de la enfermedad de su hijo a pesar de ser plenamente consciente de su situación:

---

[9] El padre de Julia fue diagnosticado con esquizofrenia. El padre de su marido, con trastorno bipolar.

> *Lo llevé muy mal. No podía seguir escuchándolo, me tuve que salir de la habitación. Porque sabía lo que era, una enfermedad sin curación. Que cuando se cronifique va a quedarse ahí, pero siempre estamos bajando escalones, nunca subimos. Yo no creo que puedan hacer vida normal, no lo creo en absoluto. (Rosario)*

La *conciencia de enfermedad* es, de nuevo, uno de los principales temas a destacar en los relatos de las entrevistadas. Esta conciencia de enfermedad no se produce de forma espontánea tras la llegada del diagnóstico, sino que es fruto de una serie de experiencias vividas por estas mujeres durante el proceso de *autoatención,* la prescripción de un tratamiento y la "nueva" vida que se desarrolla a partir de ese momento. La *conciencia de enfermedad* no es para las entrevistadas algo estático; forma parte de un proceso de adaptación a las nueva condición de sus parientes. Esta conciencia —así como la capacidad de adaptación— varía en función de las circunstancias familiares, económicas y sociales de estas mujeres y su rol como madres en el núcleo del hogar, así como del grado de autonomía de sus familiares.

Volvamos al caso de Julia. Esta mujer posee un grado de *función familiar* especialmente bueno debido al reparto de las tareas de cuidado entre los miembros de la familia. Además, Julia es funcionaria del Estado y, debido a su situación laboral, puede permitirse solicitar una excedencia para cuidar a su hijo mientras este atraviesa un periodo de estabilización con respecto a su enfermedad. A pesar de que el marido de Julia desempeña una profesión muy similar a la suya, es ella quien acepta el cese de su trabajo por un tiempo prolongado asumiendo, en mayor medida, las tareas de soporte y cuidado. Por otro lado, los pensamientos acerca del futuro de Pedro —si podrá o no tener una pareja, si conseguirá ser plenamente autónomo— son fuente de preocupación de su madre, la cual afirma que su hijo no posee las mismas posibilidades que otros chicos de su edad libres de este tipo de enfermedades:

> *Tú lo ves un chico normal, pero no tiene las mismas posibilidades que otros. Por ejemplo, lo suyo, que era la fisioterapia, pues no ha llegado. Entonces a veces, cuando pienso eso, me deprimo, y su padre también. Y luego piensas en el día de mañana y dices "jo, y este para encontrar pareja..." [...] Su hermano dice: "ya lo cuido yo", pero ya sabes, su hermano ahora se ha echado novia y ya... pues es otra cosa. Y tú dices: "jobar, ¿podremos dejarle esta carga a su hermano?" ¿Tendremos que buscar un tutor? (Julia)*

La conciencia con respecto a las "limitaciones" que la enfermedad provoca en las personas afectadas se presenta en el conjunto de los relatos. Esta conciencia, a pesar de percibirse como una dificultad, no es expresada como una barrera infranqueable, pues se concibe como necesaria para seguir adelante. En el caso de Flor, la falta de conciencia de su hijo acerca de sus propias limitaciones provocó en ella una sobrecarga en las tareas de cuidados —con la frustración personal que esto conlleva—. Esta sobrecarga se vio en gran medida aliviada cuando Jorge comenzó a aceptar sus nuevas circunstancias y acudió con asiduidad a las actividades del Centro de día. Este hecho, además de ayudar a Jorge a establecer una rutina y socializar con otras personas, permitió a Flor *descargarse* de buena parte de las tareas de cuidado y favoreció la creación de nuevos vínculos afectivos que contribuyeron al proceso de recuperación de su hijo.

En el caso de Julia, el reconocimiento por parte de su hijo de ciertas limitaciones a la hora de estudiar le condujo, con ayuda de la Asociación, a solicitar el certificado de discapacidad. Esta certificación, solicitada también por los hijos de Lola y Flor, permite cierta "preferencia" en el acceso a determinados estudios o puestos de trabajo, compensando de ese modo las limitaciones que puedan presentarse a la hora de cursar una enseñanza o conseguir un empleo:

> *Nos enteramos de que podías solicitar lo de la discapacidad y que bueno, la discapacidad luego te venía bien. Pues mira, en lo de Auxiliar de Enfermería entró por eso, que si no... [...] La meta de mi hijo es trabajar. No necesitamos que le den un grado mayor de discapacidad, simplemente que le renueven la que tiene del 33%, porque yo sé que otras personas que tienen el 65% y entonces tienen una pensión y todo eso, y no pueden trabajar nada más que media jornada. Pero este niño, de momento, si puede trabajar a jornada completa es como una vida más normal, trabajar para lo que ha estudiado y todo eso. Entonces, nuestro objetivo es que le renueven la discapacidad. Yo creo que sí, porque él sigue manteniendo el tratamiento. Para algunas cosas, esto es necesario [...] Hay muchas cosas a las que hemos accedido gracias a la concesión de la discapacidad, y eso está muy bien. (Julia)*

El conjunto de las entrevistadas manifiesta el deseo de que sus hijos lleven una vida lo más autónoma posible. Esta autonomía se expresa, en los relatos de Lola, Julia y Flor, como una conciencia de las propias capacidades por parte sus hijos, así como en los recursos que el sistema institucional es capaz de proporcionar en estos casos. Para

Julia, la tenencia de un trabajo remunerado es esencial para conservar la independencia económica de las personas afectadas por enfermedad mental, así como para su completa integración en el entorno social. La adaptación al entorno social a través del desempeño de una profesión es para la entrevistada un aspecto fundamental de los cuidados en salud mental pues, de acuerdo con las capacidades de cada cual, un empleo otorgaría a estas personas el reconocimiento de su función social en su comunidad de referencia, disminuyendo el estigma social de la enfermedad.

El estigma constituye uno de los temas principales en el relato de Rosario. Su hijo, de mayor edad que el resto de los hijos de las entrevistadas, sufrió las consecuencias de una atención médica deficiente que, junto a la complicación de sus síntomas, le condujo a vivir en la residencia donde actualmente se encuentra. Las dificultades derivadas de la enfermedad de Manuel, así como las deficiencias de atención y cuidados en su residencia, se muestran en el relato de Rosario a través de indignación, frustración y tristeza:

> *A mí no me ha dado vergüenza salir a pedir para nuestros usuarios. En la vida. Son enfermos. No tienen cáncer pero... ¿y qué pasa? ¿El cáncer es peor que lo nuestro? [...] ¿Por qué no puede ser entendible una enfermedad de la cabeza? ¿Por qué no puede ser entendible, vamos a ver? Y no ponerle etiquetas tan dolorosas y tan equívocas. ¿Por qué tiene que haber esa falta de entendimiento?(Rosario)*

El estigma social también es mencionado en los relatos de Julia y Flor en relación a las dificultades para explicar a las personas de su entorno cercano el tipo de enfermedad que padecen sus hijos. Etiquetas como "esquizofrenia" o "bipolaridad" pueden interpretarse de forma negativa por el entorno social que se encuentra ajeno a la definición y características de estos trastornos, atribuyéndoles cierta *desviación* o peligrosidad. En estos casos, el estigma se deriva del desconocimiento, por parte de la sociedad, de los síntomas y consecuencias reales de estas enfermedades. La falta de entendimiento acerca del Trastorno Mental Grave y sus implicaciones se manifiesta tanto a nivel social como en la práctica clínica, y se refleja en una atención deficiente por parte de las instituciones:

> *Las deficiencias de la atención a la salud mental se relacionan con el hecho de no considerarla una enfermedad común, así como con la*

preparación de los profesionales. Y ojo, una vez preparados los profesionales, que sepan desarrollar su trabajo desde el corazón, porque se supone que la mente la tienen lucidísima. En la medicina, tiene que estar preparado el médico de Atención Primaria para saber que no puede con esta enfermedad y derivar donde tenga que derivar. Y cuando el paciente llegue donde le han derivado, el profesional tiene que escucharle. Tiene que escucharle. Que no se sientan dioses, que parece que lo debes y no lo pagas.

Yo empiezo en la Asociación porque mi hijo intenta quitarse la vida. Y, al poco tiempo, desaparece. Entonces, hablándolo con un amigo, su esposa —gracias a Dios— trabajaba en el psiquiátrico y me dijo que existía la Asociación. A mí ningún médico... ¡Ningún médico me dijo que existía esto! Me lo tuvo que decir una señora que fregaba platos. (Rosario)

6.3. VALORACIÓN DEL PROGRAMA DE APOYO A FAMILIAS POR PARTE DE LAS ENTREVISTADAS

Las consecuencias familiares de la enfermedad tienen esto en común: cada familia debe dar sentido a su experiencia. (Kleinman, 1987, p. 199)

El Programa de apoyo a familias de la Asociación Salud Mental Salamanca constituye, para la mayoría de las entrevistadas, una tabla de salvación que llega tras un proceso de confusión, pérdida y abatimiento. Lola, Julia y Flor acuden a la Asociación cuando la enfermedad de sus parientes se ha estabilizado clínicamente —obteniendo un tratamiento farmacológico y psicológico— pero ellas, como cuidadoras, acarrean un desgaste psicológico considerable asociado a las tareas de cuidado. En una necesidad por comprender y afrontar el curso de la enfermedad de sus hijos, las tres mujeres acuden a la Asociación en busca de respuestas. El aislamiento del entorno social propio de la labor de cuidado —sumado, en los casos de Lola y Flor, al aislamiento del confinamiento provocado por la COVID-19— impulsa a estas mujeres a buscar recursos de apoyo social para ellas y sus familiares.

Lola llegó a la Asociación tras el alta de su hija de un ingreso hospitalario. Su entrada, a pesar de contar con el apoyo y la aprobación de su familia, implicó una serie de dificultades. De acuerdo con su relato, en la Asociación descubrió que el Trastorno Mental Grave no tiene "cura" como tal, sino que es preciso un proceso de recuperación y estabilización en el que usuario y familiar deben colaborar:

> *El primer día que entré, casi al momento dije: "me tengo que salir, me voy a salir". Digo:"¡para qué habré venido aquí yo!". Dijeron "es que esto no se cura". Y yo: "ah, que no se cura. Pues no sé para qué he venido, ¿para saber que no se cura?" Pero luego ya… no me lo pierdo y vengo con mucha ilusión, la verdad. (Lola)*

Lola, al igual que Julia, ingresó en el Programa de apoyo a familias con la intención de entender lo que le estaba pasando a su hija, pero se encontró con mucho más que eso. Ella, al igual que Julia y Flor, afirma que las actividades del Programa son muy útiles para conocer los síntomas de la enfermedad de su hija y los efectos a largo plazo de la medicación. Aún así, lo que estas mujeres destacan del apoyo proporcionado por la Asociación no se relaciona directamente con sus parientes sino con ellas mismas. Las entrevistadas señalan dos puntos principales en el acompañamiento del proceso de cuidado: la interacción con el resto de familiares y el aprendizaje del *autocuidado.*

El primero de los aspectos positivos del Programa destacado en los relatos de las entrevistadas es la identificación con el conjunto de miembros del grupo. Estos constituyen una agrupación heterogénea con una serie de características comunes: todos ellos están afectado por las tareas de cuidado de sus parientes. Estas tareas no son mostradas como una carga en todos los casos, pero sí como un desafío a la hora de relacionarse con sus hijos, continuar con su vida social o ser aceptados y comprendidos. La mutualidad y reciprocidad de las relaciones son una de las características principales de este grupo, otorgando la posibilidad de crear nuevas redes sociales dentro y fuera de la Asociación:

> *A mí, venir a la Asociación me ha venido muy bien en todos los aspectos. Puedes conocer gente, tienes un porqué para salir de casa, si estás un poco disgustada por alguna cosa… La Asociación te da eso de "ah mira, pues venga, tienes esto y tienes que salir". El hecho de venir caminando… yo vengo caminando y me viene muy bien. O sea, yo creo que me ha venido estupendamente en todos los sentidos. La gente, el acogimiento. (Lola)*

> *Parece que, al contar las cosas, la pena es menor. Sí, ¿sabes? Como en el caso de Manuela, del Grupo de Apoyo, que hace tres o cuatro sesio-*

> *nes vino fatal. Cuando terminó la sesión me acerqué a ella y le dije que si podía darle un abrazo. Al abrazarla, ella rompió a llorar. Pensaría: "por lo menos tengo a alguien que me escucha, que sabe que lo que estoy diciendo no me lo estoy inventando". (Rosario)*

> *Ahora tenemos el grupo de WhatsApp de la Asociación, que antes no lo había. Con el grupo te enteras de todo. De todas las exposiciones, conferencias, de todo lo que hay en Salamanca relacionado con la salud mental. También tenemos un grupo de WhatsApp de los familiares, que también está muy bien porque así nos comunicamos todos, que somos muchos. Y así se hace grupo. (Julia)*

> *Todo lo que sea que tú hayas pasado por esa experiencia puede ayudar a otros. Podemos ponernos en el lugar del otro, eso que llamamos "empatía". Ese compartir es constructivo para todo el grupo. Yo pienso que el grupo se beneficia a nivel personal y grupal en el sentido de que tú recibes de cada uno para beneficio tuyo, pero también aportas. El feedback que dices tú, el dar y el recibir [...] Te sientes como diciendo "no estoy yo sola ante esta situación, veo que esto tiene una amplitud". Entonces, te sientes fortalecida, te sientes más a gusto para llevar esto mejor en la vida. Porque si estás tú sola... Imagínate yo cuando estaba con mi hijo, estaba muy apenada. Si tengo que seguir así mucho tiempo, y encima con lo de la pandemia... esto nos habría hundido. Entonces, el hecho de tener que salir y convivir con otras personas te abre a otros mundos. (Flor)*

La palabra *amplitud* cobra especial relevancia en este punto. Flor, al igual que el conjunto de las entrevistadas, concibe la enfermedad mental como un fenómeno social gracias —en buena medida— a la participación en el Programa. El Trastorno Mental Grave, que antes podía contemplarse como un aspecto individual que afectaba "a cada quien en cada casa" se convierte en un fenómeno compartido por el conjunto de los miembros. Ese aspecto común de la enfermedad permite entender el padecimiento como mucho más que un constructo biológico o psicológico, sino también como un fenómeno con implicaciones en la esfera familiar y en la vida social de las personas afectadas.

Además de percibir la dimensión social de la enfermedad, las entrevistadas destacan un aspecto de carácter individual en la repercusión del Programa en su vida diaria: esto es, el desarrollo de espacio y tiempo de *autocuidado*. El *autocuidado* se muestra como fundamental en los relatos de Lola, Julia y Flor para salir adelante. Este *autocuida-*

do, trabajado en el Grupo de Apoyo a familias junto a la psicóloga, es valorado muy positivamente, destacando la labor de la profesional en dicho proceso:

> *La psicóloga nos ayuda a tomar conciencia de que tenemos que cuidarnos a nosotras mismas aparte de cuidarlos a ellos. Ella ha puesto mucho hincapié en nosotras, en que nos cuidemos mucho. En que tengamos autoestima, en que nos valoremos. Esa actitud que tiene ella respecto a la necesidad de que nos cuidemos me encanta. (Julia)*

> *Yo pienso que lo que hablemos con la psicóloga tiene que ser más a nivel personal, para nosotras estar preparadas. Para, a nivel emocional, estar fuertes para poder seguir esta terapia con tus familiares o a nivel personal. (Flor)*

En cuanto a la preferencia por determinado tipo de actividades —considerando la utilidad que estas tienen para las entrevistadas— las opiniones son diversas. Mientras Lola destaca la dinámica de grupo y el ambiente de confianza sin ofrecer preferencias particulares, Julia otorga una mayor importancia a las sesiones informativas ofrecidas por la psiquiatra. Aun así Julia, como Flor, destaca con especial relevancia las sesiones grupales donde los familiares trabajan sus propias emociones. A la pregunta de ¿añadirías o modificarías las actividades existentes? las tres mujeres muestran una gran satisfacción con las reuniones programadas así como con los profesionales que las llevan a cabo. En el caso de Flor, esta considera importante el desempeño de un mayor número de actividades realizadas fuera de la Asociación, siendo estas fuente de disfrute, socialización y expansión:

> *Está bien cuando salimos del local de la Asociación, que haya variedad. Unas veces venimos a la Asociación, que es como más a nivel personal [...] Pero también está bien cuando vamos a hacer visitas por ahí o a tomarnos algo [...] Algo más distendido, y que haya momentos de humor. Yo pediría hasta que nos pusieran una película de risa... yo qué sé, cosas así. O risoterapia. ¡Se necesita muchísimo reírse! Es que todas estas enfermedades a veces te dan tristeza. A los cuidadores, porque estamos con las personas que sufren. Es que mi hijo ha tenido una enfermedad de estar siempre triste, con el ceño fruncido [...] Ser cuidador de estas personas, al igual que de personas mayores, implica necesitar momentos de expansión, de ver que la vida no es solo enfermedad, oscuridad o tristeza. No, es que hay de todo. Hay que compaginar. (Flor)*

La demanda de actividades lúdicas que se desarrollen fuera de la Asociación es una necesidad compartida por Lola, Julia y Flor. En los dos últimos años, esta demanda ha sido recogida por el Programa en forma de visitas culturales y comidas al aire libre. La Asociación ha pasado de realizar solamente reuniones centradas en la relación entre usuarios y cuidadores a ofrecer una amplia gama de actividades destinadas exclusivamente a estos últimos, en las que se incluyen las actividades de *desahogo*. Las entrevistadas valoran muy positivamente los encuentros de ocio así como el taller de *Respiro*, donde realizan actividades lúdicas y manualidades. Como podemos observar, el grupo de familias es para las entrevistadas mucho más que un lugar donde conversar acerca de sus hijos y las labores de cuidado. El grupo también se concibe como un espacio de apoyo y socialización necesario para estas cuidadoras que, en buena medida, se encuentran en un proceso de recuperación y aceptación de su nueva condición, la cual trae ciertos aspectos positivos:

> *Pues mira, gracias a la Asociación yo creo que me dedico más tiempo a mí misma, que antes yo siempre era la última. En casa las madres… te preocupas del marido, te preocupas de los hijos, y tú siempre la última, siempre la última para todo. No, pues ahora me dedico más tiempo a mí misma y ya no me sitúo la última para todo. Ahora me valoro más y digo: "pues yo también tengo que estar bien. Me ha tocado esto, lo tengo que asumir mejor". Lo asumo mejor, me adapto y me valoro más a mí misma. (Julia)*

El relato de Rosario merece una mención aparte. Rosario es la entrevistada con más antigüedad en la Asociación, lo que le ha permitido contemplar no solo la evolución de esta entidad sino también el proceso de cambio de la atención a la salud mental. Su discurso emana sentimientos de tristeza, frustración e impotencia con respecto a los cuidados de personas con enfermedad mental grave. Rosario reconoce una evolución positiva de esta atención con respecto a la labor de los profesionales, la cual consideró, en los inicios de la enfermedad de su hijo, como insuficiente y un tanto irresponsable. La entrevistada se muestra muy crítica con la atención a la salud mental y, a pesar de reconocer el valor positivo del Programa y el apoyo mutuo entre sus participantes, realiza algunas críticas a la Asociación con respecto a las tareas de atención al usuario.

La historia de Rosario está llena de obstáculos y cargas difíciles de soportar. Su hijo Manuel, tras varias desapariciones, ingresos hospitalarios y un intento de suicidio, vive en una residencia a la que su madre califica como una "cárcel sin barrotes y pintada de blanco". Rosario considera que los profesionales de esta institución no están suficientemente preparados para el cuidado de los usuarios, considerándola como un lugar inseguro para ellos. De acuerdo con su relato, el objetivo principal de la entrevistada en la Asociación es la lucha por la mejora de las condiciones de vida de las personas con Trastorno Mental Grave y su reconocimiento como sujetos de pleno derecho, situándolos como protagonistas de su propio proceso de recuperación. A pesar de que el objetivo de Rosario se equipara a las metas de los programas de atención al usuario en salud mental, estas metas *sobre el papel* distan mucho de lo que ocurre en la realidad. En respuesta a una pregunta acerca de sus inicios en la Asociación y su papel en ella, Rosario responde lo siguiente:

> *Llamábamos a todas las puertas para que no nos abrieran. Nuestros usuarios consiguieron tener el efecto de Moisés en el Mar Rojo: por donde iban, se iba separando todo el mundo. En aquel entonces la familia del usuario no tenía muy en cuenta a estas personas y sus necesidades. Necesidades que querer igualarse al resto. (Rosario)*

La lucha por una mayor inclusión de los usuarios en la toma de decisiones que influyen directamente en su vida y en la calidad de las actividades programadas para ellos es el motor que impulsa a Rosario a participar en la Asociación. Sin embargo, la entrevistada considera que los cargos directivos y administrativos dentro de esta entidad se han convertido en puestos de poder en los que "son muchos a mandar y nadie a obedecer":

> *Esto ha cambiado. Yo no diría que para peor, pero no ha mejorado mucho. Aquí manda todo el mundo y nadie obedece [...] Al usuario hay que traerlo entre algodones. Hay que respetarlo, hay que quererlo, hay que entenderlo, escucharlo, comprenderlo cuando hoy dice que sí y mañana dice que no [...] Encuentro a la mayoría de las personas con unos aires de superioridad que no son buenos. El usuario tiene que encontrarse con una persona que no le compadezca, sino que le entienda, que le ayude. Incluso que le consuele. Que quiera ser partícipe de su pena, de su alegría y de su deseo. Y aquí no hay mucho de eso [...] A mí me ha costado Dios, ayuda y malos modales que en la junta directiva de la Asociación haya usuarios que digan lo que sienten.*

> *Cuando le miran o cuando no le miran. O cuando le dicen "siéntate aquí" y él quiere sentarse allí. ¿Cómo se siente esa persona? (Rosario)*

A pesar de que Rosario se muestra negativa respecto a la deriva de la Asociación, la fuerza de su discurso es suficiente para comprender que ella no ha abandonado la batalla. Rosario, como el conjunto de las entrevistadas, desean una mayor visibilización de la enfermedad mental grave como algo que "puede tocarle a cualquiera" y que, por justicia y respeto a los usuarios y sus familias, debe analizarse en toda su complejidad. Más allá de las dificultades, el apoyo proporcionado por la Asociación y todos sus miembros ha permitido a las entrevistadas reorganizar su vida en función de las nuevas circunstancias:

> *Todo lo emocional va aquí, en esta enfermedad. Va adentro y está saliendo ahora a flote. Mi hijo se ha vuelto muy agradecido por todo. "Mamá, gracias por esta comida tan rica que has hecho" [...] Ahora jugamos más que cuando era pequeño, pero es que... ¡los dos lo necesitamos! [...] A nivel personal he notado un cambio, de ser como él era en su esencia cuando era pequeño. Ha vuelto a su niño interior. Él ha vuelto y yo también. (Flor)*

7. Discusión

La psicopatología está profundamente empotrada en la vida social y la estrategia terapéutica no puede ser disociada entre lo clínico y lo civil (Aparicio y Sánchez, 1990, p. 370)

De acuerdo con la información analizada anteriormente en este trabajo, las conquistas del modelo de salud mental basado en la comunidad han sido esenciales para implementar una atención continuada a personas con Trastorno Mental Grave. Sin embargo, junto a estos logros han aparecido una serie de problemas asociados, como una mayor carga de cuidados en los familiares en la labor de atención a estos usuarios. Estos problemas, más que deberse al modelo propiamente dicho, se relacionan con la forma de implantación de los dispositivos de atención, los cuales continúan enfocados en la práctica clínica y/o la asistencia social "pasiva", otorgando a los usuarios escaso protagonismo en su propio proceso de recuperación.

La *deshospitalización* trae consigo el surgimiento de un nuevo perfil de usuarios crónicos, esto es, personas que viven en la comunidad y son consumidoras de los servicios de asistencia prolongada en el territorio. Este fenómeno, conocido como *transinstitucionalización* (Alvarado et al., 2011), se caracteriza por una transferencia de competencias de los hospitales psiquiátricos a los servicios sociales u otras instituciones, manteniendo la necesidad de dispositivos institucionales para garantizar el proceso de recuperación. Por otro lado, esta *transinstitucionalización* permite al usuario de servicios de salud mental continuar viviendo en su comunidad. Sin embargo, las dificultades psicosociales inherentes a la enfermedad y el proceso de recuperación conllevan una transferencia de parte de los cuidados a las familias o personas a cargo de estos usuarios, fenómeno descrito como la *carga del cuidador*.

En las narrativas en primera persona analizadas en este trabajo, esta *carga del cuidador* se manifiesta, en el conjunto de las entrevistadas, a través de la "carga objetiva" y "subjetiva". Encontramos un incremento de las responsabilidades por parte de todas estas mujeres con respecto al cuidado de sus parientes, así como una reducción de su tiempo de ocio disponible para dedicar a sus amistades o realizar actividades lúdicas de forma individual. En el relato de Julia pudimos observar el cese del empleo por un tiempo prolongado, con la consecuente pérdida de capacidad financiera. Asimismo, todas las entrevistadas acusan un empeoramiento de su salud emocional, el cual comienza a restablecerse con su participación en el Programa de apoyo a familias. Por otro lado, existen factores determinantes que influyen en la carga objetiva y subjetiva de estas cuidadoras relacionados con el contexto en el que se encuentran.

El componente de género está presente en el conjunto de las entrevistadas. Todas ellas experimentan en mayor o menor medida una carga de cuidado más elevada que sus maridos, carga asociada al hecho de ser madres de las personas afectadas. Además, las entrevistadas cuyos hijos presentan conductas disruptivas o una mayor dificultad para aceptar su enfermedad —los casos de Flor y Rosario—, afirman poseer sentimientos más intensos de frustración, cansancio o tristeza. Asimismo, estas mujeres disponen de escasa ayuda en las tareas de cuidado y una *función familiar* deteriorada, lo cual contribuye a un mayor nivel de carga. En el relato de Lola, a pesar de que la relación con su ex marido provocó ciertos conflictos en la unidad del hogar, la *función familiar* parece haberse restablecido gracias al apoyo de su hijo mayor y a la colaboración por parte de su hija.

Afortunadamente, todas las mujeres cuentan con servicios de atención psicosocial para el apoyo de su labor como cuidadoras. El Programa de apoyo a familias y la creación —por parte de la Asociación— de un grupo unificado de familiares para el desempeño de las actividades programadas ha permitido a estas mujeres compensar la pérdida de redes sociales naturales provocada por las labores de cuidado y su consecuente carga.

La creación de redes sociales artificiales que suplan la ruptura de dichas redes naturales constituye, para pacientes y familiares, una posibilidad de reinserción en la comunidad a través de los recursos proporcionados por las asociaciones de rehabilitación psicosocial. La institucionalización se convierte así en un proceso de socialización secundario (Berger y Luckmann, 1986) en el que el concepto de recuperación es aplicado no solo a la persona con enfermedad mental sino también a su cuidador o cuidadora. El concepto de recuperación evidencia la necesidad de "resituarse" y retomar el significado que la vida y sus relaciones sociales tienen para el sujeto en cuestión. En palabras de Aparicio y Sánchez (1990), la creación de redes artificiales "cumple ese doble papel de sustitución temporal de las pérdidas y de reaprendizaje constante que potencie niveles de pertenencia cada vez mayores" (Aparicio y Sánchez, 1990, p. 370).

Las actividades destinadas a usuarios y familiares de la Asociación Salud Mental Salamanca, dirigidas por profesionales, se ubican como fundamentales para entender cómo, en los dispositivos asistenciales de salud mental, el trabajo "clínico" y de "resocialización" deben ir de la mano. El enfoque comunitario conlleva el abandono de los modelos de atención curativa centrados únicamente en procesos agudos, los cuales no garantizan los cuidados continuados necesarios para los pacientes y sus familias. Las nuevas intervenciones terapéuticas entienden la salud no como una "cosa" sino como un proceso no lineal en el que la *cura* deja paso a la rehabilitación social, con la consecuente reorientación de los objetivos de vida de las personas afectadas:

> *La respuesta a la cronicidad requiere de un modelo de atención integrado, donde la coordinación entre niveles asistenciales sea imprescindible y la familia o los cuidadores informales cobren un papel relevante; un modelo donde el profesional "individual" no es suficiente, donde el curar no es el objetivo prioritario y empieza a serlo el cuidar, mantener, apoyar, mejorar la calidad de vida de pacientes y familias, y donde "el equipo multidisciplinar" se pone en valor; un modelo que sea capaz de responder a las necesidades plurales de las personas con enfermedades crónicas y complejas, que tenga en cuenta, además de la enfermedad, la situación social, psicoafectiva, la vivencia que la persona tiene de la enfermedad, su contexto familiar, especialmente del cuidador principal, y que aborde las respuestas humanas que todo ello genera." (Gerencia Regional de Salud de Castilla y León, 2013, p. 4)*

8. Conclusiones, aplicabilidad y prospectiva de investigaciones futuras

El modelo comunitario de atención a la salud mental es, en el ámbito de la intervención clínica y psicosocial, un marco de referencia necesario para desplegar de forma adecuada los servicios disponibles a nivel estatal dirigidos a personas con Trastorno Mental Grave y sus familiares. A pesar de sus deficiencias en materia de recursos y personal disponible, este modelo ha sido capaz de acercar dichos servicios al entorno de la persona afectada por la enfermedad mental, así como al conjunto de familiares que se encuentran ejerciendo las tareas de cuidado. Aun así, los dispositivos asistenciales proporcionados por este modelo no son implementados de manera uniforme en el conjunto del territorio español. Estos recursos suelen concentrarse en capitales de provincia y/o poblaciones con un mayor número de habitantes, lo que deja a ciertas zonas rurales desprovistas de ellos.

En lo que respecta a la atención de familiares cuidadores, los recursos de atención a la salud mental —competencia de los servicios sociales de las distintas Comunidades Autónomas dirigidos, en muchos casos, por asociaciones de rehabilitación psicosocial— han experimentado considerables mejoras en los últimos años con respecto a la dotación de recursos y presencia de personal cualificado. Dichos recursos realizan una labor de atención, escucha y cuidado de los familiares que permite a estos desarrollar las competencias adecuadas para afrontar su nueva situación con respecto al cuidado de la persona con enfermedad mental, sin olvidar sus propios deseos y necesidades.

A pesar de que el desarrollo de programas de atención psicosocial para familiares juega un papel determinante en el afrontamiento y comprensión del Trastorno Mental Grave, la participación de estos en la atención de sus parientes se limita al interior del hogar, fuera del tratamiento clínico o terapéutico. Aunque, en el proceso de autoatención del padecimiento, el familiar desempeña un papel necesario en la detección de los síntomas y el acompañamiento del paciente a la unidad clínica correspondiente, su labor es escasamente reconocida por los profesionales de salud. La implicación del cuidador en el proceso de recuperación de su familiar se hace más presente en la rehabilitación psicosocial, donde este se encuentra estabilizado clínicamente. Como esta investigación ha reflejado, la rehabilitación psicosocial en salud mental —a pesar de centrarse en las personas afectadas por un Trastorno Mental Grave— también es dirigida a los familiares cuidadores. Esto es debido a que la presencia de una patología mental grave y persistente no solamente tiene efectos en la vida social, funcional y emocional del paciente, también influye en la calidad de vida de su entorno más cercano.

La participación de las familias en el proceso de recuperación de sus parientes —así como en su propio proceso de recuperación— resulta esencial para conocer las consecuencias del Trastorno Mental Grave a medio y largo plazo. En los programas de apoyo a familias, el ejercicio de autocuidado es especialmente necesario, otorgando espacios de descanso y expansión; ofreciendo una "tregua" de la labor de cuidado frente a las posibles crisis que su pariente pueda experimentar en un futuro. Asimismo, una red social sólida —favorecida por la creación de grupos de familiares por parte de las asociaciones y mantenida por el compromiso personal de sus miembros— otorga el apoyo necesario para afrontar el día a día de estos cuidadores. Su unión a través de una problemática compartida, así como las características de reciprocidad y confianza que conforman esta red "artificial", garantiza una continuidad de la atención del familiar a lo largo de su vivencia como cuidador.

En una de las entrevistas de este trabajo, una de las mujeres participantes indicó que la manera en la que yo podría "devolverle el favor" de su colaboración en la investigación sería haciendo público su discurso. El ejercicio de la etnografía, además de contrastar teoría y práctica, permite desvelar la mirada del que sufre: en este caso, los familiares de personas afectadas por una enfermedad mental. Es así como la aplicabilidad de esta investigación resulta inseparable de la *implicación* con los participantes y su entorno más cercano, poniendo a su servicio los resultados. De este modo, el presente trabajo tiene como fin la visibilización de las enfermedades mentales en toda su complejidad, evitando reducciones biologicistas o culturalistas y situándolas en el contexto donde toman forma. Esta visibilización, lejos de permanecer dentro de las paredes de la academia, debe trascender a la sociedad en su conjunto con el fin de proporcionar el conocimiento necesario en la detección y atención de las personas que sufren el padecimiento, así como de sus familiares más cercanos. El conocimiento acerca de la enfermedad y los dispositivos y redes de atención resulta imprescindible para contribuir al empoderamiento de los usuarios y sus familias pues, sin una conciencia real de los recursos existentes, la enfermedad mental seguirá considerándose un aspecto individual que debe gestionarse en el interior del hogar.

En este punto, la difusión de la labor de las asociaciones de salud mental resulta un aspecto fundamental. Como fue mencionado en este trabajo, la atención clínica a menudo desconoce —u otorga escasa importancia— a la existencia de recursos de rehabilitación psicosocial para pacientes y sus familias. Sin embargo, la labor de estos recursos resulta imprescindible para lograr la reinserción de personas afectadas por una enfermedad mental grave y la recuperación de sus familiares mediante la creación de redes de apoyo. Resaltar la importancia de las asociaciones y el conjunto de servicios que ofertan significa —más allá de reconocer la importancia del apoyo social en salud mental— la *resocialización* de los distintos padecimientos, comprendiéndolos como fenómenos que inciden en las múltiples esferas de la vida de las personas afectadas.

La comprensión del Trastorno Mental Grave como un fenómeno bio-psico-social implica la colaboración entre las diferentes disciplinas e instituciones. La medicina y la psiquiatría —encargadas del aspecto bioquímico de la enfermedad—, junto con la enfermería y la psicología —tendiendo "puentes" entre el biologicismo y la práctica de cuidados en salud mental—, deben ir de la mano de la sociología, la antropología y el trabajo social, disciplinas encargadas de analizar los aspectos políticos, institucionales, ideológicos y culturales de los padecimientos. Este entendimiento debe ir mucho más allá de la colaboración entre investigadores, concretándose en el diálogo interdisciplinar ejercido en la práctica clínica y psicosocial. En esta línea, la etnografía puede servir —a través de los testimonios de las personas afectadas— para establecer un nexo de unión entre las necesidades de pacientes y familiares y las percepciones y valoraciones de los profesionales, en un intento de avanzar hacia una práctica asistencial que trascienda la individualidad del paciente. Esta trascendencia, sin la cual la comprensión holística de la enfermedad mental resulta inalcanzable, debe manifestarse en el reconocimiento de un *saber profano* que, sin ser *experto*, se sitúa como el conocedor *empírico* del sufrimiento, y dar cuenta de él se convierte en lo más urgente.

9. Referencias bibliográficas

Aguirre Baztán, A. (2008). Antropología de la depresión. En *Revista Mal-estar e Subjetividade,* VIII (3), pp. 563-601.

Alvarado, R.; Oyanedel, X.; Aliste, F.; Pereira, C.; Soto, F. y De la Fuente, M. (2011). Carga de los cuidadores informales de personas con esquizofrenia: un desafío pendiente para la reforma de atención en salud mental. En *Revista de Salud Pública,* XV (2), pp. 6-17.

Aparicio Basauri, V. y Sánchez Gutiérrez, A.E. (1990). Desinstitucionalización y cronicidad: un futuro incierto. En *R.A.E.N.*, X, 34, pp. 363-374.

Berger, P. y Luckmann, T. (1986). *La construcción social de la Realidad.* Madrid.: Amorrortu-Munguía.

Bernard, H.R. (1995). *Métodos de investigación en Antropología. Abordajes cualitativos y cuantitativos.* Londres: AltaMira Press.

Blanco de la Calle, A. (2010). El enfermo mental con discapacidades psicosociales. Pastor, A.; Blanco, A. y Navarro, D. (Coords.): *Manual de rehabilitación del trastorno mental grave.* Madrid: Editorial Síntesis, pp. 77-94

Buxó Rey, M.J. (2007). Antropología aplicada. En Lisón Tolosana, C. (Ed.), *Introducción a la antropología social y cultural. Teoría, método y práctica.* Madrid: Akal, pp. 339-355.

Cantillo-Medina, C.P; Perdomo-Romero, A.Y. y Ramírez-Perdomo, C.A. (2022). Características y experiencias de los cuidadores familiares en el contexto de la salud mental. En *Revista Peruana de Medicina Experimental y Salud Pública,* 39 (2), pp. 185-192.

Castro Molina, F.J.; García Parra, E.; Castro González, M.; Monzón Díaz, J. Y Martin Casañas, F.V. (2012). Salud mental: infancia, familia y cuidados. En *Revista de Psiquiatría Infanto-Juvenil,* 1, pp. 11-24.

Conejo Cerón, S; Moreno Peral, P.; Morales Asencio, J.M.; Alot Montes, A.; García-Herrera, J.M.; González López, M.J.; Quemada González, C.; Requena Albarracín, J. y Moreno Küstner, B. (2014). Opiniones de los profesionales del ámbito sanitario acerca de la definición de trastorno mental grave. Un estudio cualitativo. En *Anales del Sistema Sanitario de Navarra,* 37 (2), pp. 223-233. https://scielo.isciii.es/pdf/asisna/v37n2/original4.pdf

Crepet, P. (1988). The Italian Mental Health Reform nine years on. En *Acta Psychiatrica Scandinavica,* 77; pp. 515-523.

De Fuentes, C. (2016). La "nueva" discapacidad mental. En *Revista Española de Discapacidad,* 4 (1), pp. 249-255.

De la Cuesta Benjumea, C.; López Gracia, M. y Arredondo González, P. (2018). Recuperar y conservar al familiar: estrategias de los familiares cuidadores para hacer frente a las crisis de salud mental. En *Atención Primaria,* 51(8), pp. 471-478.

De León, N.; Bagnato, M.J.; Luzardo, M. (2016). Proceso de cronificación en el campo de salud mental: índice de cronicidad, concepto y medición. *Revista Uruguaya de Enfermería,* 11(1), pp. 1-11.

Díaz de Rada, Á (2011). *Taller del etnógrafo. Materiales y herramientas de investigación en Etnografía.* Madrid: UNED.

Díaz Kuaik, I. y de la Iglesia, G. (2019). Ansiedad: Revisión y Delimitación Conceptual. En *Summa Psicológica UST,* 16(1), pp. 42-50.

Echevarría, R.G.; Crespo, L.G.; Crespo, B.G.; Méndez, L.P.; Fernández, M.A., y Martínez, D. (2014). La atención al cuidador, problema de salud necesario de abordar en los estudios médicos. *Edumecentro,* 6(3), pp. 128-142.

Els, C.; Kunyk, D.; Hoffman, H. y Wargon, A. (2012). Workplace Functional Impairment Due to Mental Disorders. En Luciano L´Abate (Ed.), *Mental Illnesses – Understanding, Prediction and Control.* Editorial InTech (en línea). https://cdn.intechopen.com/pdfs/25523/InTech-Workplace_functional_impairment_due_to_mental_disorders.pdf

Fadden, G.; Bebbington, P. y Kuipers, L. (1987). The burden of care: the impact of functional psychiatrics illness on the patient's family. En *British Journal of Psychiatry,* 150, pp. 285-292.

García-Alonso, M. (2016). Ética y Antropología. Madrid: Universidad Nacional de Educación a Distancia.

Gisbert, C.; Arias, P.; Camps, C; Cifre, A.; Chicharro, F.; Fernández, J. (2002). *Rehabilitación psicosocial del trastorno mental severo: situación actual y recomendaciones.* Madrid: Cuadernos técnicos.

González-Cases, J. C. (2011): *Violencia en la pareja hacia mujeres con trastorno mental grave.* Madrid: Universidad de Alcalá, Tesis Doctoral.

Grad, J. y Sainsbury, P. (1963). Mental Illness and the family. En *Lancet,* pp. 544-547.

Hoenig, J. y Hamilton, M.W. (1966). The schizophrenic patient in the community and his effect on the household. En *International Journal of Social Psychiatry,* 12, pp. 165-176.

Huertas, R. (2020). De la reforma psiquiátrica a la salud mental colectiva. A propósito de la obra de Manuel Desviat. En Revista de la *Asociación Española de Neuropsiquiatría,* 40(138), pp. 163-170.

Juliá-Sanchis, R.; Aguilera-Serrano, C.; Megías-Lizancos, F. y Martínez-Riera, J.R. (2020). Evolución y estado del modelo comunitario de atención a la salud mental. Informe SESPAS 2020. En *Gaceta Sanitaria,* 34 (51), pp. 81-86.

Kessler, R. C.; Aguilar-Gaxiola, S.; Alonso, J.; Chatterji, S.; Lee S, Ormel, J.; Ustün, T.B. y Wang, P.S. (2009). The global burden of mental disorders: an update from the WHO World Mental Health (WMH) surveys. En *Epidemiologia e Psichiatria Sociale.*, 18(1), pp. 23-33.

Kleinman, A. (1988). *The Illness Narratives: Suffering, Healing and the Human Condition.* New York: Basic Books.

Martín Ferrari, L.; Rivera Gaiztarro, A.; Morandé Lavín, G. y Salido Eisman, G. (2000). Las aportaciones de los grupos de autoayuda a la salud mental. En *Clínica y Salud,* 11(2), pp. 231-256.

Martínez-Hernáez, A. (2013). Antidepresivos y neuronarrativas en la era del sujeto cerebral. En *Interrogant,* 13, pp. 53-56.

Martínez-Hernáez, A. (2010). La etnografía como dialógica: hacia un modelo intercultural en las políticas sanitarias. En Checa y Olmos, F.; Ariona Garrido, A. y Checa Olmos, J.C. (Eds.) *Transitar por espacios comunes. Inmigración, salud y ocio.* Barcelona: Icaria, pp. 57-84.

Martínez-Hernáez, A. y Correa-Urquiza, M. (2017). Un saber menos dado: nuevos posicionamientos en el campo de la salud mental colectiva. En *Salud Colectiva,* 13 (2), pp. 267-278.

Masana, L. (2017). Cuidados informales de larga duración en España: retos, miradas y soluciones. En *Salud Colectiva,* 13(2), pp. 337-352.

Menéndez, E.L. (2005) Intencionalidad, experiencia y función: la articulación de los saberes médicos. En *Revista de Antropología Social,* 14, pp. 33-69.

Navarro Pérez, J.J. y Carbonell Marqués. A. (2018). *Sobrecarga familiar, apoyo social y salud comunitaria en cuidadores de personas con trastorno mental grave.* En *Revista da Escola de Enfermagem,* pp. 1-8.

Pérez Peñaranda, A.; García Ortiz, L.; Rodríguez Sánchez, E.; Losada Baltar, A.; Porras Santos, N. y Gómez Marcos, M.A. (2009). Función familiar y salud mental del cuidador de familiares con dependencia. En *Atención Primaria,* 41 (11), pp. 621-628.

Polanco Carrasco, R. (2007). Psychotherapy v/s Pharmacotherapy; Aproximación inicial a las fronteras disciplinarias e ideológicas frente a una praxis compartida. En *Cuadernos de Neuropsicología,* I (1), pp. 8-17.

Ruiz Blázquez, J.J. (2015). Las entrevistas en profundidad y la biografía. En *Revista San Gregorio,* 1, pp. 48-55

Salvador-Carulla, L.; Almeda, N.; Álvarez-Galváez, J. y García-Alonso, C. (2020). En la montaña rusa: breve historia del modelo de atención de salud mental en España. Informe SESPAS 2020. En *Gaceta Sanitaria*, 34 (51), pp. 3-10.

Sánchez Vidal, A. (1991). *Psicología Comunitaria. Bases conceptuales y métodos de intervención*. Barcelona: PPU Biblioteca Universitaria de Ciencias Sociales.

Schinnar, A.P.; Rothbard, A.B.; Kanter, R. y Jung, Y.S. (1990). An empirical literature review of definitions of severe and persistent mental illness. En *American Journal of Psychiatry*, 147(12), pp. 1602-1608.

Solomon, A. (2015) *El demonio de la depresión*. Madrid: Debate.

Vasilachis, I. (2006). Estrategias de investigación cualitativa. Barcelona: Gedisa.

Velayos, C. (2005). Salud, enfermedad y felicidad. En José María García Gómez-Heras, Carmen Velayos Castelo (editores): *Bioética: perspectivas emergentes y nuevos problemas*. Madrid: Tecnos, pp. 49-71.

Verd, J.M. y Lozares, C. (2016). *Introducción a la investigación cualitativa. Fases, métodos y técnicas*. Madrid: Síntesis.

Referencias audiovisuales:

Caparrós, C. (director). (2010). *Los olvidados de los olvidados* [documental]. España: Canal Odisea, ICIC, Televisión de Galicia (TVG), Aigua Films.

Informes:

American Anthropological Association (2012). *Statement on Ethics: Principles of Professional Responsibilities*. Arlington, VA: American Anthropological Association. http://www.aaanet.org/profdev/ethics/upload/Statement-on-Ethics-Principles-of-Professional-Responsibility.pdf

Comisión de Coordinación Sociosanitaria de Salamanca (2012). *Guía de recursos para la atención a personas con enfermedad mental, familias y/o cuidadores*. https://www.saludcastillayleon.es/profesionales/es/coordinacion-sociosanitaria/procesos-atencion/salud-mental.ficheros/297719-Gu%C3%ADa%20recursos%20salud%20mental%20SA.pdf

Comisión Nacional para la Protección de los Sujetos Humanos de Investigación Biomédica y del Comportamiento (1979). *Informe Belmont. Principios y Guías Éticos para la Protección de los Sujetos Humanos de Investigación*. Estados Unidos de América, 18 de abril de 1979. http://www.bioeticayderecho.ub.edu/archivos/norm/InformeBelmont.pdf

Federación de Asociaciones de Antropología del Estado Español (2014). Orientaciones deontológicas para la práctica de la Antropología profesional. ASAEE. https://asaee-antropologia.org/asaee/orientaciones-deontologicas/

Gerencia Regional de Salud de Castilla y León (2013). *Estrategia de Atención al Paciente Crónico en Castilla y León.* Junta de Castilla y León. https://www.saludcastillayleon.es/institucion/es/planes-estrategias/estrategia-atencion-paciente-cronico-castilla-leon.ficheros/319121-Estrategia de Atención al Paciente Crónico en Castilla_y_León.pdf

Ministerio de Sanidad (2022). Estrategia de Salud Mental del Sistema Nacional de Salud. Período 2022-2026. https://www.aeesme.org/wp-content/uploads/2022/03/Ministerio-Sanidad-Estrategia-Salud-Mental-SNS-2022-2026.pdf

Ministerio de Sanidad (2009). Guía de Práctica Clínica de Intervenciones Psicosociales en el Trastorno Mental Grave. Ministerio de Ciencia e Innovación. https://portal.guiasalud.es/wp-content/uploads/2022/01/gpc_453_tmg_ics_rapid.pdf

Naciones Unidas (2006). Convención sobre los Derechos de las Personas con Discapacidad. https://www.un.org/esa/socdev/enable/documents/tccconvs.pdf

National Institute of Mental Health (1987). *Towards a model for a comprehensive community based mental health system.* Washington DC: National Institute of Mental Health.

Observatorio del Sistema Nacional de Salud (2002). Informe de situación de salud mental. *Ministerio de Sanidad y Consumo.* https://consaludmental.org/publicaciones/InformedesituaciondeSaludMental.pdf

Organización Mundial de la Salud (2014). Constitución de la Organización Mundial de la Salud. Em *Documentos básicos, 48ª edición,* pp. 1-21. Recuperado de https://apps.who.int/gb/bd/PDF/bd48/basic-documents-48th-edition-sp.pdf

Organización Mundial de la Salud (2004). *Clasificación Internacional de las Enfermedades.* 10a revisión (en línea). http://apps.who.int/classifications/apps/icd/icd10online2004/fr-icd.htm

Salud Mental Salamanca (15 de junio de 2023). *Quiénes somos. Salud Mental Salamanca.* https://saludmentalsalamanca.org/quienes-somos/

Legislación:

Ley 14/1986, de 25 de abril, General de Sanidad. Del derecho a la protección de la salud. *Boletín Oficial del Estado, 102,* 29 de abril de 1986. https://www.boe.es/eli/es/l/1986/04/25/14/con

Ley Orgánica 15/1999, de 13 de diciembre, de Protección de Datos de Carácter Personal. *Boletín Oficial del Estado, 298,* 14 de enero de 2000. https://www.boe.es/eli/es/lo/1999/12/13/15/con

10. Anexo

10.1. PROTOCOLO DE ENTREVISTA

Entrevista dirigida a participantes del Grupo de Familias de la Asociación Salud Mental Salamanca-AFEMC

Fecha de realización de la entrevista:

Lugar: Asociación Salud Mental Salamanca-AFEMC

Hora:

Duración:

Datos sociodemográficos y clínicos del/la cuidador/a:

Sexo:

Edad:

Lugar de residencia:

Estado civil:

Grado de parentesco con respecto al familiar con enfermedad mental:

Tenencia de trabajo remunerado:

Tenencia de enfermedad crónica:

Asistencia a charlas y talleres psicoeducativos:

Asociacionismo activo:

Otro tipo de atención recibida (psiquiatra, psicólogo, etc.):

Datos sociodemográficos y clínicos del familiar con enfermedad mental:

Sexo:

Edad:

Patología diagnosticada:

Años de evolución de la patología:

Grado de discapacidad reconocido (si existe):

Dispositivos de atención a la salud mental al que asiste:

Participación en la Asociación de Salud Mental:

Guión de la entrevista:

1. Situación actual.

Me gustaría comenzar esta entrevista preguntándole cuál es su situación actual con respecto al cuidado de su familiar

– Cuidado en el hogar/fuera del hogar

*Dentro del hogar: ¿es usted la cuidadora principal? ¿Recibe ayuda externa/de otras personas de su familia en el cuidado de su familiar?

2. Trayectoria vital. Inicio del diagnóstico de enfermedad en el familiar y proceso de cuidados.

Me gustaría preguntarle por los "orígenes" de todo este proceso.

– ¿Podría indicarme en qué momento se produjo el diagnóstico de su familiar?

– En ese momento, ¿cuál fue la respuesta por parte del conjunto de la familia? ¿Recibió apoyo de su entorno más cercano?

– ¿Cuáles fueron los procedimientos que se siguieron con posterioridad al diagnóstico, tanto por parte de los profesionales (hospital/servicios sociales) como dentro del hogar?

– ¿Cómo vivió usted todo ese proceso? ¿Qué papel desempeñó usted con respecto al cuidado de su familiar? ¿Se considera que fue/es el/la cuidador/a principal, existió un apoyo familiar o de otro tipo en este proceso de cuidado?

3. Entrada en la Asociación y participación en el Grupo de Familias

Me gustaría que me contase cómo conoció la asistencia de la Asociación y por qué medios (indicación por parte de los profesionales, familia, amigos, internet, etc.)

– ¿En qué momento comenzó a formar parte de la Asociación?

– ¿Conocía la existencia de los grupos de apoyo a familiares de personas con enfermedad mental con anterioridad al ingreso en la Asociación?

– ¿Cuándo comenzó a participar en las actividades del Grupo de Familias?

– ¿Acude a estas actividades con regularidad? ¿Podría indicarme el tipo de actividades a las que acude o con qué frecuencia?

– Con respecto al resto de su familia, ¿es usted la única persona involucrada en las actividades de la Asociación o le acompañan otros familiares (marido, hijo/a, hermano/a, etc.)?

4. Impacto del Grupo de Familias en la comprensión y el afrontamiento del padecimiento del/familiar

– ¿Cómo valoraría su experiencia con respecto a la participación en el Grupo de Familias?

– ¿Cómo valora la relación con los demás miembros del grupo? ¿Cree que la dinámica propuesta por las profesionales de la Asociación favorece una buena comunicación/interacción entre los miembros?

– ¿En qué medida cree que la relación con otros familiares en una situación similar a la suya le ayuda en el desempeño del cuidado a su familiar, así como en la mejora de su calidad de vida?

– ¿Podría indicarme el grado de satisfacción con los diferentes tipos de actividades que se realizan desde el Grupo de Familias? ¿Tiene preferencia por alguna actividad en concreto? ¿Por qué?

– En lo que respecta a la comprensión de la enfermedad de su familiar, ¿podría describirme cómo/en qué medida las actividades del Grupo de Familias contribuyen a una mayor aceptación de la situación de su familiar y los cuidados que le proporciona?

– ¿Considera al Grupo de Familias como una herramienta de acompañamiento a todo este proceso? ¿Por qué?

– En lo que respecta a la dinámica del Grupo de Familias, ¿qué aspectos mejoraría o qué actividades modificaría/incluiría para un mejor desarrollo del grupo? ¿Considera que la Asociación, por medio del Grupo de Familias, debería estar en contacto con otros dispositivos de atención a la salud mental de su familiar (atención primaria, centro de día, unidades ocupacionales, inserción laboral, etc.)